趙勁甫 著

貨幣不再中立

從霸權穩定到
貨幣崩解的最後一哩

WHEN MONEY STOPS BEING NEUTRAL

全球金融體系正在重新定價風險，而你不能只當局外人；
當資本邏輯凌駕貨幣主權，理解制度運作成為生存關鍵！

目 錄

序言 　　　　　　　　　　　　　　　　　　　　005

第一章
金融秩序的誕生與崩解的預兆　　　　　　　　　011

第二章
量化寬鬆與負利率：從治療工具到失控機器　　　045

第三章
金融資本的黑手：避險基金與超限操作　　　　　071

第四章
金融市場的心理遊戲：多巴胺與認知偏差　　　　097

第五章
影子銀行與金融創新的詛咒　　　　　　　　　　123

目錄

第六章
數據、演算法與金融市場的虛擬化　　149

第七章
黃金、美元與數位貨幣：金融權力的新格局　　177

第八章
國際金融戰爭與主權的最後堡壘　　205

第九章
危機從未結束：系統性風險的循環再現　　231

第十章
末日邊緣的選擇：金融世界的未來可能　　263

序言

在這個以貨幣驅動世界的時代,我們必須學會質疑:金錢真的只是中立的交易媒介嗎?利率只是中央銀行設定的政策工具嗎?美元的地位真的是「自然形成」的霸權嗎?如果你曾在資產泡沫中沉浮,曾被通貨膨脹侵蝕積蓄,或曾在黑天鵝事件裡損失一生積蓄,那麼這本書會是你重新理解金融世界的一把鑰匙。

這不是一本純粹的經濟理論書,也不是單純羅列市場案例的時事通訊。本書的目的,是要帶領你進入金融體系的深層結構,解構那些我們以為早已熟悉的詞彙:金本位、聯準會、量化寬鬆、負利率、避險基金、ESG、比特幣⋯⋯這些詞彙在媒體與投資論壇中反覆出現,卻往往被簡化、被誤解,甚至被刻意包裝成神話。而本書的任務,正是要把它們還原成歷史進程中的具體現象,是政治選擇的結果,是利益結構的展現。

◎金融秩序從來不是「自然演化」

回顧歷史,國際金融體系的每一次轉變,都不是「自由市場自動調整」的結果,而是政治與金融權力互動下的必然選擇。從 1944 年的布列敦森林協定,到 1971 年尼克森宣布

序言

終結金本位,再到現代的石油美元體制與量化寬鬆政策,這些重大事件背後隱藏的不是市場需求的邏輯,而是帝國維穩與資本逐利的共謀。

我們不能不提美元霸權這個核心議題。美元之所以能在長達半世紀中穩坐全球儲備貨幣的寶座,不僅是因為美國的經濟規模,更因為它透過貿易體系、能源定價、軍事干預與國際機構的制度設計,將全球其他國家的貨幣政策與債務結構緊緊綁在自身體系內。這是一場「去主權化的貨幣化」,表面看起來是全球化,其實是另一種財政與貨幣的殖民過程。

當各國央行不斷購買美國國債來維持外匯儲備,美國則反向使用這些資金發動軍事與金融槓桿,這正是我們所處的現實——一個資本輸出國控制金融敘事的世界。2025年美國國債評級遭下調,國際社會並非因債務過高而集體恐慌,而是因美元體系已內建太多依賴,使得危機無法被單一事件引爆。這正是本書試圖揭示的第一個真相:金融秩序是政治選擇,不是市場自然。

◎貨幣政策正在走向「無效化」

本書第二個關鍵論述,是指出「貨幣政策的極限」,特別是在全球進入負利率與極低利率時代之後。當央行利率已降至零以下,卻依舊無法刺激實體經濟,這代表貨幣政策的傳導機制出了問題。我們習慣相信降息會刺激投資與消費,但

實際上,負利率反而鼓勵資產投機、加劇貧富差距、導致資產價格脫離實體價值。

從 2008 年金融海嘯後的「量化寬鬆」(QE),到 2020 年 COVID-19 疫情後的「無限寬鬆」,再到 2022 年美國聯準會的急速升息,一連串看似相互矛盾的貨幣政策,正突顯出當代經濟體系面臨的結構性困境:貨幣不再能有效調節經濟週期,反而成為製造泡沫與危機的機器。

舉例來說,2023 年矽谷銀行 (SVB) 倒閉事件看似是個別機構的風險管理失誤,但事實上,它揭露了整個金融體系對利率變動極度敏感的脆弱性。在負利率時代,銀行與資產管理人往往被迫追求風險更高的報酬,一旦政策反轉,資產錯配與流動性風險就會迅速浮現。

因此,本書在多章節中提醒讀者,利率不再只是價格信號,它已變成政策工具與心理操控的結合物。當利率失去中立性,資本的配置不再反映真實價值,而是跟隨權力與敘事在金融市場中遊走。

◎金融創新與 AI 加速資本集中

我們進一步討論金融資本的演化,包括避險基金的歷史、量化交易的崛起、以及 AI 投資模型的廣泛應用。你會看到,這些被稱為「創新」的技術與策略,本質上是對資訊不對稱與市場情緒的操控技術。

序言

當今的避險基金不再只是避險工具,它們成為了國家層級的博弈玩家。從 1997 年亞洲金融風暴到 2015 年人民幣匯率波動,避險基金一次又一次在宏觀金融操作中扮演關鍵角色。而 AI 與一種利用自動交易系統在極短的時間內擷取商機並從市場微小波動中獲利的高頻交易的加入,則讓這些行為變得更隱蔽、更快速、更無跡可尋。

這也是本書強調的另一個核心訊息:金融市場已從「交易場域」轉變為「訊息演算法的戰場」。那些看似理性的價格波動,背後可能是數據壟斷、社群操作、甚至演算法對人性弱點的利用。投資人不再是用理性分析在做決策,而是在社群影響、資訊過載與多巴胺刺激下進行情緒性買賣。

這使得市場不只是無效,甚至可能變成不正義的遊戲場,因為參與者之間資訊與策略的落差太大,形成「合法掠奪」的制度化常態。

◎超越末日:我們還有選擇嗎?

書的最後幾章並不只是批判與拆解,而是提出一個思考方向:我們是否可以走向一個更具倫理性與永續性的金融體系?ESG(環境、社會與公司治理)、全民財商教育、數位貨幣的去中心化技術,這些都可能是下一階段金融進化的關鍵。

但本書也提醒我們:這些看似理想的改革工具,也可能

被資本收編。例如 ESG 評比成為新型金融炒作的工具、數位人民幣可能強化國家對資金的監控、財商教育的推廣若缺乏批判性思考，也可能只是讓散戶變得更好「服從制度」。

因此，本書最終的立場不是反金融，而是強調金融應回歸本質——服務實體經濟、促進公平分配、支撐社會穩定，而非成為製造分裂與不平等的工具。

◎寫給這個時代的你

以此書獻給所有正在重新思考金錢意義的人。你可能是剛入行的金融新鮮人，想了解這套系統的來龍去脈；你也可能是經歷過市場崩潰的資深投資者，正在尋找更穩健的資產策略；又或者你只是個對世界感到困惑的觀察者，想知道「為什麼我的努力總是追不上資產膨脹的速度？」

這本書不是預言，也不給你投資建議。但它會告訴你：那些你以為理所當然的金融現象，其實背後都有故事、有結構、有權力的軌跡。而理解這一切的開始，就是意識到——金融從來不是中立的。

■ 序言

第一章
金融秩序的誕生與崩解的預兆

第一章　金融秩序的誕生與崩解的預兆

第一節
布列敦森林的起點：國際金融體系的建構

◇ 國際協議的誕生：穩定秩序的制度起點

1944 年 7 月，第二次世界大戰尚未結束，44 個聯合國盟國代表齊聚美國新罕布夏州布列敦森林，召開一場全球經濟重建會議。這場會議奠定了戰後世界金融秩序的核心架構，誕生了國際貨幣基金（IMF）與世界銀行（World Bank），並塑造出一個以美元為中心、與黃金連結的固定匯率體系。

此體系最關鍵的設計是：各國貨幣以固定匯率連結美元，而美元則承諾可按每盎司 35 美元的比率兌換黃金。這種安排意圖透過黃金作為最終價值基準，賦予貨幣穩定性，避免戰前因惡性通膨與貨幣競貶導致的經濟混亂。美國作為全球主要的黃金儲備國與戰後工業霸主，自然而然成為體系的中心與支撐者。

布列敦森林制度建立的背景，除了全球經濟失序外，也反映出當時對資本主義秩序的一種「救贖期待」。戰間期的惡性通膨、失業與極端主義興起，使得各國希望透過一種穩定的金融協定，避免再次陷入貨幣與貿易混亂。布列敦森林會議因此不只是經濟安排，更是戰後國際秩序的制度原型，預示著未來國際合作的可能性與局限。

第一節　布列敦森林的起點：國際金融體系的建構

◇ 鑄幣稅與信任的兩難：美元制度的隱憂

布列敦森林制度雖以黃金為基礎，實質上卻逐步形成以美元為實體貨幣核心的架構。美國因此可透過對外發行美元，獲取一種全球性的貨幣鑄幣稅，也就是不必提供實體商品，即可用美元購買全球資源。這是布列敦森林制度在制度上的不對稱起點。

儘管初期穩定，美國戰後財政赤字與海外支出擴大，逐漸累積外國持有的美元數量。由於美元是全球唯一可兌換黃金的貨幣，這也意味著其他國家實際上無法控制美國的貨幣發行權，卻必須承擔其赤字與貨幣政策的外溢效果。

這種「美元壟斷＋黃金承諾」的結構，形成所謂的「特里芬矛盾」。特里芬認為布列敦森林制度不可持續，其或有助於緩解全球貨幣準備的短缺，但唯有當主要通貨發行國提供充足通貨，方能達成此一功能；然而，若主要通貨發行國源源不絕地提供流動性，必將造成自身國際收支逆差惡化，終將因其他國家對主要通貨作為安全資產的信心漸失，使得該制度逐漸邁向崩潰。而美國為滿足全球貿易需求而不斷發行美元，其黃金儲備卻未同步增加，導致全球對美元是否仍具價值的信心逐步動搖。

更重要的是，這種信任機制是單向的 —— 其他國家對美元與美國政策有依賴，但美國卻可自由調整其貨幣與利率政

策,無須顧及國際承受能力。這種權力的集中,使得布列敦森林制度表面穩定,實則暗藏不對稱風險。

◇ 軍事霸權下的金融治理轉化

美國在布列敦森林制度中的特殊地位,不僅來自其黃金與工業儲備,更來自其軍事與外交支配力。透過 IMF 與世界銀行制度設計,美國可間接掌握對各國的貸款條件、貨幣重整建議,進而影響其財政與經濟主權。美元因此不再只是交易媒介,而是延伸至制度影響力的工具。

這種金融治理方式,也構成日後金融制裁與干預政策的制度原型。美元能夠在各國間自由流通,是建立在對美國制度穩定的信任之上;而這種信任一旦與政治、軍事力量連結,就不再是單純的經濟選項,而是一種地緣性被動接受。

事實上,美國透過其制度優勢,建構了一種「金融外交」模式。例如援助往往綁定美元支付、國際貸款綁定政策條件、技術合作依附於制度輸出,這些無形的安排強化了其全球話語權,也削弱了各國的經濟自主性。

◇ 崩解的導火線:美元與黃金脫鉤

1960 年代,美國進入越戰支出高峰,加上國內社福擴張導致赤字急升,美元發行遠超黃金儲備。法國、德國等國開

第一節　布列敦森林的起點：國際金融體系的建構

始質疑美元的價值穩定性，甚至直接要求將持有的美元兌換為黃金。這場信任危機最終在 1971 年爆發，美國總統尼克森宣布暫停美元兌換黃金，正式結束布列敦森林制度，全球進入浮動匯率的新時代。

從這一刻起，全球貨幣不再由黃金或實體資產支撐，而由國家信用與市場預期主導。貨幣價值成為一種政治共識與金融預期的結合體。這個轉折點，不僅瓦解了舊制度，也為金融資本主義與金融工程化鋪平了道路。

浮動匯率制度雖提高各國貨幣政策彈性，但也使市場波動風險轉嫁至小國經濟體。當全球進入「美元升息、資金回流、資產價格修正」的週期時，浮動匯率制度下的弱勢國家便首當其衝，成為金融動盪的代價承擔者。

◇ 臺灣經驗：被動調適下的金融應對

對臺灣而言，布列敦森林制度的設計與解體均產生重大影響。在制度初期，臺灣的貨幣政策得以維持相對穩定，有利於出口導向經濟的發展。然而制度崩潰後，臺灣進入有管理的浮動匯率制度，在面對全球資本流動與熱錢效應時，央行政策選項明顯受限。

例如當外資大量湧入推升新臺幣升值壓力時，升息反而會吸引更多資金流入，加劇資產泡沫；但若不升息則無法有

第一章　金融秩序的誕生與崩解的預兆

效控制通膨，形成「政策兩難」。這種結構性限制，成為所有小型開放經濟體在全球浮動匯率架構下的共同困境。

此外，臺灣的外匯存底組成也高度依賴美元資產，使得整體財政與資本結構深受美元政策牽動。例如在美國實施量化寬鬆期間，新臺幣面臨升值壓力，而在美元升息時期則面臨資金外逃風險。這種循環性脆弱，突顯出貨幣主權在現代體系中的相對性。

◇ 布列敦森林遺緒未竟的制度爭議

布列敦森林制度雖已在 1971 年名義上終結，但其核心影響延續至今。美元作為全球結算中心、國際資本自由流動、金融市場支配實體經濟等制度設計，皆可追溯至 1944 年那場會議的制度原點。

當今世界正處於一場關於制度信任、貨幣主權與公平交易的深刻辯論之中，而布列敦森林制度留下的不對稱遺緒，仍是這場辯論的歷史陰影。從穩定秩序的初衷，到主權控制的失衡，布列敦森林既是一個建構金融秩序的起點，也是失控資本秩序的第一道裂縫。

這場會議所遺留的，不僅是一段制度設計的歷史，更是一場現代金融治理的啟示錄。它提醒我們，穩定與自由之間，從來不是可以同時達成的理想，而是持續博弈中的脆弱平衡。

第二節　美元神話的成形與金本位的終結

◇ 信用貨幣時代的起點

1971 年 8 月 15 日，美國總統理查·尼克森宣布終止美元與黃金的兌換，這項歷史性的政策被後世稱為「尼克森衝擊」。布列敦森林制度至此瓦解，世界正式進入「不兌現本位」的信用貨幣時代。美元與黃金的脫鉤，表面上似乎削弱了其穩定性與價值基礎，實際上卻反而使其在之後的五十年間，進一步鞏固其全球貨幣霸主的地位。這一轉變構成所謂的「美元神話」，一個無需黃金背書卻能維繫全球信任與使用的貨幣霸權。

這種信用體系的基礎並非抽象的市場共識，而是由制度安排、地緣戰略、軍事優勢與經濟實力相互交織而成的強制性信任。信任不再來自黃金，而來自對一個國家的整體支配力——其法治框架、軍事實力、經濟規模與政治干預力，構成了美元地位的實質支柱。

◇ 石油、制度與美元的綁定戰略

在美元與黃金脫鉤之後，美國政府迅速構建新的國際結算制度，最關鍵的一步，是將全球石油貿易與美元結算制度性綁定。透過與沙烏地阿拉伯等主要產油國的外交與軍事協

議，美國確保石油出口以美元定價與清算，創造全球對美元的剛性需求。這種需求不再是市場選擇，而是一種無可迴避的制度性安排。

如此設計，讓所有進口石油的國家都必須持有美元，也間接拉動了對美國國債與金融資產的需求。美元成為國際能源體系的核心媒介，從而實現其「無黃金卻無可取代」的地位強化。美元的全球流通，也讓美國得以長期透過赤字支出維持其國內經濟，同時不需擔憂貨幣貶值的直接懲罰，因為美元供給正是全球所需。

◇ 華爾街體系與美元信仰的內建結構

美元霸權的維繫並非僅憑外交與軍事，更來自於華爾街與資本市場的深層結構性參與。美國國內的資本菁英透過全球化架構，將美元政策與全球金融利益綁定。他們運用美元優勢主導全球資本流向，推動美元資產的優先流通與信任累積，使美元體系成為國際資本秩序中的「規則制定者」。

這種安排允許美國以舉債方式進行全球再投資 —— 發行國債、擴大赤字、出口資本，卻不必擔憂清算壓力。其他國家，尤其是依賴出口導向的經濟體，則被迫持有美元資產以穩定本國幣值與貿易結構。這種不對稱地位，鞏固了美元作為全球唯一流動性提供者的角色。

第二節　美元神話的成形與金本位的終結

◇ 從金本位到貨幣操控：道德風險的擴張

在黃金作為基礎儲備貨幣的時代，政府的財政與貨幣政策受到自然資源的限制，無法任意印製貨幣，也無法無限制的舉債。金本位制度實際上是一種貨幣誠信機制，它要求政策制定者對貨幣發行負責。

但隨著金本位終結，美國政府與聯準會擁有幾近無限制的操控權，可透過量化寬鬆、利率調節與國債操作，干預市場資金流動與價格體系。這帶來了嚴重的道德風險。美國政府得以將內部金融壓力外部化，透過美元發行將通膨、風險與成本轉嫁全球，而其他國家則被迫接收這種制度性輸出，形成「美元殖民」的局部現實。

在這種框架下，國際社會對美元政策幾乎沒有談判空間。無論是新興市場的匯率危機、債務違約，抑或是亞洲與拉丁美洲的資本外逃現象，都無法逆轉美元作為「最後資金避風港」的功能。這種信任並非出於認同，而是來自缺乏替代的結構性依賴。

◇ 金融工程化與價值邏輯的逆轉

金本位終結後，金融市場迅速轉向工程化與槓桿化。1980年代起，金融創新加速發展，從利率交換、信用違約交換、資產證券化到擔保債務憑證，所有資產都可以被「重新

第一章　金融秩序的誕生與崩解的預兆

包裝」、「再評價」與「商品化」。

在這樣的結構下，企業逐漸脫離實體經濟的邏輯，利潤來源不再僅靠生產與銷售，而是依賴資產配置、財務操作與股權激勵。公司治理邏輯也從「創造實質價值」轉為「最佳化財報表現」。這種結構被複製到全球，使金融與實體經濟之間的距離不斷擴大。

在臺灣，雖然央行維持相對穩健的匯率政策與外匯儲備，但美元體系的牽動力仍深刻影響國內金融與政策決策。例如 2022～2023 年間，美國快速升息引發新臺幣貶值壓力，資金大量流出，進一步推升本地通膨與資產市場波動。即便是財政穩健、出口穩定的經濟體，也難逃美元流動性的間接效應。

◇ 挑戰美元神話的努力與現實落差

近年來，全球央行開始尋求美元之外的替代儲備工具，包括增持黃金、試行央行數位貨幣、強化區域貨幣合作等措施。例如臺灣也已啟動數位憑證皮夾的沙盒試驗，中國則擴展人民幣跨境清算系統，歐洲央行倡議「戰略自主」的金融政策。然而，這些嘗試雖具象徵意義，但短期內仍難以撼動美元霸權的基礎。

美元不再僅是貨幣單位，它是一整套制度秩序的核心代碼，牽動的是地緣安全、資本自由與資訊話語權。挑戰美元

第二節　美元神話的成形與金本位的終結

神話，並非只是技術上的「建立另一套貨幣清算體系」，而是重建全球對價值穩定、公平交換與金融問責的整體信仰。

◇ 一個由信任堆疊的貨幣秩序

金本位的崩解與美元神話的興起，揭示了一個令人不安的現實：當貨幣不再由實體資產支撐，其穩定性與地位便取決於信任的建構與維持。一旦這種信任遭到濫用或破產，全球將共同承擔其代價。

當我們試圖理解當代貨幣秩序的根基時，不可忽略其制度性偏誤與利益分配結構。真正的改革，不僅是技術的重建，更是對貨幣本質、金融治理與社會責任的再定義。這些問題，將成為未來全球金融治理最核心的戰場。

■ 第一章　金融秩序的誕生與崩解的預兆

第三節　石油美元：帝國貨幣的雙重綁架

◇ 危機中的契機：第一次石油危機的轉折

1973 年，當全球尚未從布列敦森林制度崩解的震盪中恢復之際，產油國組織宣布減產，掀起了第一次石油危機。油價在短短數個月從每桶不到 3 美元暴漲至 12 美元，全球各國陷入能源成本暴漲與經濟停滯的雙重衝擊。而在這場能源與金融交織的危機中，美國悄悄完成了另一項歷史性的戰略轉換——將石油交易全面與美元綁定，打造出後布列敦制度的延續版本，即所謂的「石油美元體系」。

◇ 石油美元的祕密誕生：軍事與金融的交換

石油美元體系的核心並非市場自然演化的結果，而是美國與沙烏地阿拉伯在 1974 年達成的協議所催生。協議內容明示，沙國與其他產油國將石油出口僅以美元計價，並將盈餘回流投資於美國國債與金融市場，作為交換，美國提供軍事保護與安全保證。此舉創造出美元對石油的制度性需求，進而轉化為對美元的全球強制需求。

這是一場關於能源與信任的交易。只要石油仍是現代工業的命脈，各國便無法擺脫對美元的依賴。而只要美元能提供穩定、流動性與安全感，產油國便願意繼續將資本注入美

第三節　石油美元：帝國貨幣的雙重綁架

國資產市場。這種雙重綁定，形塑了全球金融秩序的核心樞紐。

◇ **全球資本回流的隱性稅收機制**

石油美元不僅強化了美元的國際地位，更創造了全球資本回流的封閉循環。產油國每年產生巨額貿易順差，將石油出口所得投入美元資產，尤以美國國債與華爾街金融商品為主。這些回流的美元再被美國用於進口商品、軍事部署與援助支出，形成無需實體對價的「全球徵稅體系」。

這種安排實質上讓美國能透過印鈔與舉債支應全球購買石油的成本。全球為了取得石油，被迫先取得美元，美元的發行權因此成為一種控制能源與財富流向的地緣金融工具。在這場體系中，其他國家即使經濟實力成長，亦難以跳脫美元的主導結構。

◇ **被武器化的貨幣與制度性不對稱**

隨著石油美元體系穩定運作，美國開始將金融體系進一步武器化。對特定國家進行金融制裁、凍結資產、剝奪 Swift 國際結算資格等手段，皆以美元的制度性優勢為支撐。伊朗、委內瑞拉與俄羅斯的能源出口與金融管道，即在近年頻繁遭受此種打擊。

第一章　金融秩序的誕生與崩解的預兆

這種結構下，美元不僅是交易工具，更是地緣控制與政治威懾的槓桿。而產油國雖獲得短期穩定的收益與安全感，卻也被迫將其財富與政權安全捆綁於美國的戰略利益與金融制度之上。這就是石油美元所形成的「雙重綁架」：它既限制進口國的貨幣主權，也囚禁了產油國的政策自主。

◇ 制度裂縫的出現與全球反彈

進入 21 世紀後，石油美元體系雖然仍主導全球能源貿易與美元儲備需求，但其穩固性已逐漸出現制度性裂縫。這些裂縫並非偶然，而是由地緣結構變化、技術創新與新興市場政策主張所交織出的必然趨勢，對石油美元的基礎產生了多重壓力。

首先，美國自身的能源地位發生轉變。頁岩油與水力壓裂技術的突破，讓美國在 2015 年後成為全球第一大原油與天然氣生產國，大幅降低對中東原油的依賴。美國逐步由能源進口國轉為出口國，其對穩定中東石油供應的戰略依賴度下降，也使得維繫石油美元體系的戰略誘因減弱。

其次，中國、印度、印尼、土耳其與巴西等新興經濟體的能源消耗量迅速成長，這些國家多具備龐大內需市場與貿易逆差壓力，亟欲降低對美元的結算依賴，藉此降低匯率風險與金融被動性。中國「一帶一路」倡議的推進，便包含人民幣在跨境貿易中的使用推廣，逐步建立以人民幣主導的雙邊

第三節　石油美元：帝國貨幣的雙重綁架

能源結算機制。

第三，數位金融科技的發展對傳統國際結算架構構成制度性挑戰。包括比特幣、以太幣在內的加密資產，以及去中心化金融（DeFi）平臺，提供了不經由美元結算的資金流通模式。雖然目前尚未形成大規模主流支付體系，但其潛在威脅與象徵意義，使各國央行加速推動數位貨幣（CBDC）試點。中國數位人民幣、歐洲央行的數位歐元，以及 2023 年啟動的澳洲、新加坡、馬來西亞和南非的跨境 CBDC 實驗，皆意在分散美元系統性風險。

2023 年起，石油美元出現明顯制度鬆動跡象。沙烏地阿拉伯首度宣布以非美元貨幣（人民幣與歐元）進行部分原油交易，儘管比例不高，卻具象徵性突破意義。此外，中國與俄羅斯、伊朗與印度之間的油氣貿易，也逐步改採本幣與雙邊貨幣結算。俄羅斯入侵烏克蘭後遭遇 Swift 制裁，加速其推動「去美元化」策略，並強化區域內本幣交易網絡。

最引人注目的是，金磚五國於 2024 年聯合聲明中提出建立「共同清算單位」（Common Settlement Unit, CSU），以一籃子貨幣定價，計畫涵蓋能源、糧食與稀土交易。雖尚未全面啟用，但其制度性架構已挑戰美元結算的唯一性與必要性。更有甚者，阿根廷與沙國等觀察國亦表示有意參與，擴大此一結構性挑戰的地理範圍與戰略分量。

此外,區域性貿易結算機制如東協金融互助的清邁倡議多邊化協議(Chiang Mai Initiative Multilateralization, CMIM)、亞洲支付聯盟(Asian Payments Network, APN),皆試圖打造非美元主導的清算通道,以提升貨幣主權與金融韌性。這些制度安排雖仍在測試與初步合作階段,但其方向已明確反映全球對美元霸權的制度倦怠與替代需求。

整體來說,石油美元體系的制度性裂縫已經浮現,其挑戰不再只是地緣競爭的邊緣現象,而是全球貨幣秩序再編的前奏。這場裂解過程雖非一蹴可幾,但其背後反映的,是國際社會對更公平、去中心化與多元貨幣體系的長期需求。

◇ 臺灣的處境與貨幣主權的天花板

儘管臺灣並非石油出口或定價國,其經濟體系卻深深嵌入石油美元架構之中。作為進口能源高度依賴的島嶼型經濟體,臺灣的石油進口完全以美元結算,且外匯存底長期以美元資產為主,致使臺灣的貨幣政策工具受限於美元流動性與升降息週期。

舉例而言,當美國升息以控制通膨,資金便大量流出新興市場回流美國,臺灣亦會面臨新臺幣貶值、進口成本上升與物價壓力加劇的困境。這是一種無形的政策被動性,即便臺灣本身經濟穩健,亦難逃美元流向所造成的宏觀環境波動。

第三節　石油美元：帝國貨幣的雙重綁架

◇ 持續中的挑戰與重構可能性

截至 2025 年，石油美元體系仍是國際能源貿易的主要結算模式，但其穩定性正面臨四大挑戰：第一，全球能源結構因淨零排放政策轉型，降低石油單一貨幣結算的必要性；第二，產油國正進行主權財富基金的多元配置，分散對美元資產的依賴；第三，數位貨幣技術與區塊鏈支付平臺為替代結算創造技術可能；第四，新興市場透過雙邊協議建立區域性本幣結算機制。

這些變化尚未足以推翻石油美元體系，但已逐步削弱其不可挑戰性。未來若能源轉型加速、區域金融合作深化，加上制度性信任持續流失，石油美元可能不再是單一霸權體系的象徵，而成為多極貨幣競爭中的一環。

◇ 從「以金換油」到「以油換權」

石油美元體系並非自然生成，而是戰略設計下的制度創作。它讓美元在黃金失效後，重新與全球最稀缺的資源——石油——建立制度性綁定，以維繫其國際霸權地位。這種「以油換權」的安排，確立了美國在金融秩序中的主導角色，也構成當代金融不平等結構的根源之一。

當全球逐漸意識到此體系的雙重綁架性質，尋求突破美元結算壟斷的行動將愈加頻繁。而石油美元體系的未來，將成為觀察國際金融治理與制度公平性轉型的重要風向指標。

第一章　金融秩序的誕生與崩解的預兆

第四節　IMF 與世界銀行：治理或控制？

◇ 權力的誕生：援助機構的雙重身分

布列敦森林制度的遺緒，不只展現在美元的霸主地位與石油美元體系的制度綁定，更深植於兩個國際機構的全球角色之中──國際貨幣基金與世界銀行。這兩個由美國主導設計、並以戰後重建為名創設的金融機構，歷經數十年演變，早已超越其原始任務，成為全球資本規訓、主權政策再造與經濟控制的重要平臺。

表面上，國際貨幣基金的職責是協助各國維持匯率穩定與支付平衡，而世界銀行則負責提供開發中國家的長期建設貸款。但從歷史實踐來看，這些任務往往與意識形態、地緣政治與資本邏輯密不可分。

◇ 干預的技術：調整方案與經濟重構

每當某國發生債務危機或財政困難，國際貨幣基金便提出結構性調整方案，內容包括緊縮預算、削減補貼、國企私有化、開放市場等政策。這些改革在理論上旨在重建競爭力，實際上卻經常導致當地經濟進一步惡化、社會不平等擴大、外資控制提升。1980 年代的拉丁美洲、1990 年代的東南亞皆曾深受其影響。

第四節　IMF 與世界銀行：治理或控制？

世界銀行則常以基礎建設名義提供巨額貸款，尤其在非洲與東南亞等地。但這類貸款多附帶技術與管理條件，並傾向優先發包給西方企業。在所謂「永續發展」名義下，許多能源、交通與水資源計畫實則導向出口導向與外資回報，而非當地社群利益。

◇ 治理機制的偏斜：決策與代表性失衡

從決策結構來看，這兩大機構的投票權配置極為不均。美國與其盟國握有超過半數的實際投票權，重大政策幾乎無法在未經美方同意的情況下通過。這種制度性偏斜，讓許多開發中國家即使是資金接受者，卻無法參與制度設計與資源分配，形成「被治理但無治理權」的結構矛盾。

這些機構的權力基礎往往來自對風險的標準化與評分機制。信用評比、財政透明度、改革進度等技術指標，雖具一定合理性，卻也容易簡化複雜背景，將多元的經濟文化問題納入單一框架，並迫使地方政府「對指標負責」而非「對人民負責」。

◇ 臺灣與全球回應：制度替代與去殖民化聲浪

臺灣雖非國際貨幣基金的高依賴國，但在世界銀行的指標體系中仍受到高度影響。臺灣政府在營商環境、金融自由

第一章　金融秩序的誕生與崩解的預兆

度、教育與基礎設施效率等領域，常以這些機構評分作為改革依據。然而這些標準是否符合本地實際需求，逐漸引發社會討論與政策反思。

截至 2025 年，全球已有多個區域性金融機構興起，試圖提供這兩大機構以外的資金與制度替代方案。金磚銀行、亞洲基礎建設投資銀行、東協清算體系等皆為嘗試擺脫長期以美元為中心的單一治理架構。特別是在非洲與拉丁美洲，「去殖民化金融運動」正逐漸興起，並強調地方主權與制度平衡。

整體來說，國際貨幣基金與世界銀行的角色正在遭遇全球挑戰。它們究竟是穩定經濟的技術機構，還是維持秩序的統治工具？答案或許不再是非黑即白，而是在各國自主意識崛起與新金融架構形成中，逐漸顯現出多層次的轉型張力。

第五節
美債成癮：從 1970 年代到現代的連鎖反應

◇ 起點與轉折：赤字經濟的制度化

1970 年代初，美國在結束金本位後，正式邁入一個赤字經濟成為常態的時代。原本受到黃金儲備限制的貨幣發行，因尼克森關閉黃金窗口而被解除，政府開始依賴發行國債來填補財政支出缺口。尤其在越戰、大規模社會福利改革與能源危機的多重壓力下，美國財政赤字不斷擴大，國債規模亦迅速膨脹。這場轉變不僅是一時政策選擇，更成為日後美國經濟運作的基本邏輯。

美債的發行逐漸與貨幣供給、利率政策、金融市場波動等因素緊密連動。政府透過國債市場吸納資金，央行則在必要時透過量化寬鬆或再投資行動進行調節，使債務融資與金融穩定之間形成高度共依存關係。此種設計使得美債不僅是國家借款工具，更是金融商品、儲備資產與全球避險工具的三重角色結合體。

◇ 鏈鎖效應：全球資本與儲備結構的嵌入

美債的發行不僅服務於國內支出，其實更建立起一套全球資本配置架構。自 1980 年代起，日本、德國、後來的中國

第一章　金融秩序的誕生與崩解的預兆

與新興經濟體紛紛將出口盈餘轉為美元資產，其中美國國債占比最高。這種現象不僅鞏固美元地位，也使得全球主要央行與主權基金成為美債的被動持有者。

這種高度依賴也造成治理上的弔詭。當美國國會預算談判僵局、政府關門危機或信評機構發出降等警告時，最焦慮的往往不是美國自己，而是那些握有巨量美債的國家。這使得美債從單純的國家借據，轉化為一種全球性的政策人質：美國的預算政治不再只是內政，而成為全球金融穩定的變數。

◇ 財政與貨幣的模糊界線：央行的角色轉化

進入 2000 年代後，美債體系進一步演變。2008 年金融海嘯與 2020 年新冠疫情爆發後，美國聯邦儲備體系多次啟動量化寬鬆政策，直接買入美國國債，實質上支撐政府舉債與市場流動性。這種操作模糊了貨幣政策與財政政策的邊界，使聯準會從「市場調節者」轉變為「赤字管理人」。

這樣的角色轉化並非無代價。當聯準會長期持有國債並壓低利率，市場對未來通膨、債務可持續性與貨幣信心的預期會出現結構性改變。每一次危機後的擴表與寬鬆，雖可短期穩定市場，卻同時種下未來泡沫與風險累積的種子。

第五節　美債成癮：從1970年代到現代的連鎖反應

◇ 臺灣與其他經濟體的被動綁定

作為出口導向型經濟體，臺灣長期累積的外匯存底主要以美元計價，其中美國國債占據重要比例。雖為安全性與流動性考量，但也意味著臺灣的儲備資產深度綁定於美國的債務政策與金融穩定。當美國升息或國債利率劇烈波動時，臺灣中央銀行的資產評價與操作彈性將受到壓縮。

這種被動綁定在其他經濟體亦屢見不鮮。新加坡、韓國、瑞士等國央行均面臨相同困境。部分國家已開始尋求去美元化與儲備多元化，包括增加黃金持有、購買非美元計價資產，甚至嘗試以區域貨幣進行貿易結算，但美債在全球資本市場的深度與流動性仍使其難以被短期取代。

總結來看，美債已從單一的財政工具，發展為一套全球資本與政治力量交織的制度體系。這種體系不僅讓美國得以延續赤字經濟，也讓其他國家無法自由抽身。而未來任何針對美債的衝擊，無論是政治性違約、信用評級波動或市場利率失控，都將成為全球金融體系最深層的不確定因素。

第一章　金融秩序的誕生與崩解的預兆

第六節　主權貨幣的「去主權化」過程

◇ 全球化的貨幣困境：主權不再等於控制權

在理論上，主權貨幣象徵著一國政府對其貨幣供給、利率政策與金融體系的完全控制。然而，進入全球資本自由流動的時代，這種主權正逐步被侵蝕。隨著金融市場高度開放、跨境資金迅速移動，以及美元霸權的全球定價邏輯擴張，許多國家雖擁有發行本國貨幣的權力，卻難以有效管理本國的經濟節奏。

這種「去主權化」現象最明顯的表現，就是政策工具的效果遞減。當國家升息希望抑制通膨時，熱錢可能立刻流入導致匯率升值，傷害出口；當國家欲貶值提振競爭力，卻可能引發資本外逃與市場恐慌。貨幣政策不再以國內邏輯為基礎，而是受到國際金融情勢與外部預期的劇烈牽動。

◇ 開放經濟體的三難困境：穩定、主權與自由的抉擇

對大多數開放型經濟體而言，維持匯率穩定、實行獨立貨幣政策與資本自由流動這三者，難以同時實現。這被稱為不可能的三位一體（The Impossible Trinity）。事實上，許多中小型經濟體為了吸引外資、穩定物價與融入全球供應鏈，只能犧牲貨幣政策的獨立性，接受匯率浮動與外資進出對國內

第六節　主權貨幣的「去主權化」過程

金融的劇烈影響。

在這種架構下，主權貨幣不再具備實質主權，而只是制度架構中的一個名義工具。實際操作上，中央銀行與財政部需同步考量國際利差、美元走勢、投資者情緒，甚至美國聯準會的動向，形成政策的被動性與依附性。

◇ 匯率戰與貨幣戰：主權政策的外部化效應

隨著各國競相透過匯率操作維持出口競爭力，「貨幣戰爭」成為當代經濟政策的常態。一國的升息或量化寬鬆行動，不僅影響本國通膨與成長，更會透過資金流向改變他國的金融環境。這使得原本屬於主權範疇的政策工具，轉變為跨境影響的武器或防禦機制。

特別是在區域金融整合尚未完全、監理標準不一的情況下，這種跨境影響效應更顯失控。資金從高利差國流向低利差國、避險資金湧入特定市場，往往造成短期金融泡沫與資產價格波動，使本地政策更難精準實施。

◇ 臺灣經驗：制度獨立與市場壓力的矛盾

以臺灣為例，中央銀行雖在名義上享有政策自主，但實務上卻必須回應外資動能、區域競爭與全球供需變化。在2022～2024年間，美國快速升息導致新臺幣貶值壓力驟升，

進出口價格波動劇烈,即使臺灣基本面穩健,仍需被動應對外來政策牽動。

此外,臺灣的外匯市場開放程度高,資金流動相對自由,導致中央銀行在調節資本流向時往往需以非公開干預、短期市場操作等方式進行平衡。這種政策設計顯示,貨幣主權的名義與現實之間存在巨大落差。

◇ 未來展望:數位貨幣與多元貨幣體系的可能

隨著央行數位貨幣與區域性結算系統的興起,全球部分國家開始思考如何重新奪回貨幣主權。數位貨幣若能降低對美元系統的依賴,並提供更多元的清算平臺,將可能減輕主權貨幣的對外依附壓力。

然而這項轉變需仰賴制度設計、技術安全與國際合作。即便是數位貨幣,若仍以美元為價值標準,或依賴既有的資本市場結構,去主權化的現象仍難改變。未來的貨幣主權,將不只是金融工具的選擇,而是一場制度重構與國際秩序再定義的挑戰。

第七節　美國主權信評下調與全球央行的焦慮：從警訊到秩序重構

◇ 評級機構出手：信用神話再次動搖

2025 年 5 月，國際三大信評機構之一的穆迪（Moody's Investors Service）宣布將美國主權信用評級自「Aaa」下調一級至「Aa1」，同時將展望從負向調整為穩定。這一舉動使穆迪成為繼 2011 年標準普爾與 2023 年惠譽之後，第三家對美國降評的主要機構，代表著「美債等同零風險」的神話正式破滅。

穆迪指出，美國長期財政惡化、政府赤字居高不下，以及國會政治僵局日益加深，已使治理能力遭受系統性質疑。尤其在歷經 2023 年舉債上限協商風波後，外界對美國財政政策穩定性的信心再度動搖，直接觸動全球金融市場對「避險資產」的重新評價機制。

◇ 全球央行的焦慮與資產重構的開端

評級下調對金融市場的短期衝擊雖不顯著，但對各國央行與主權基金卻是一記警鐘。作為全球最重要的外匯儲備資產之一，美國國債長期被視為無風險標的。然而，評級的連續調降迫使各國央行重新思考：對美債的依賴是否仍值得繼續？

第一章　金融秩序的誕生與崩解的預兆

　　從 2023 年至 2025 年，多國央行開始實質調整儲備結構。中國人民銀行、俄羅斯央行與印度儲備銀行陸續降低美元資產比重，轉向增持黃金、歐元與瑞士法郎計價資產，甚至啟動雙邊貨幣清算協議，嘗試推動本幣貿易與區域金融結算體系。這種「去美元化」行動，並非單純出於政治考量，而是源自對資產安全性的策略性評估。

　　根據國際清算銀行（BIS）與國際貨幣基金組織（IMF）2025 年第一季的相關報告顯示，全球官方外匯儲備中美元的占比自 2021 年的約 59.5% 滑落至 57% 左右，接近 20 年來的低點，反映市場對美元長期主導地位的審慎觀望。同時，黃金在多數新興市場央行的儲備配置中占比呈現上升趨勢。包括南非、印尼與巴西等國的中央銀行近年來積極增持黃金，以強化避險能力並分散外匯儲備風險，此一現象也與全球「去美元化」潮流的擴大相呼應。

◇ 金融市場的再定價與風險溢酬轉移

　　穆迪此次降評並未引發大規模股災，但卻讓美債殖利率出現劇烈波動。30 年期美債殖利率一度攀升至 5.1%，創下 2011 年以來新高。這種情況反映出市場對長期債務風險的重新定價，以及對美元資產的結構性疑慮。事實上，即便美元仍是全球最主要的交易媒介，但其作為「儲備貨幣」的穩定性正在被逐步稀釋。

此外，評級調降對機構投資人如保險公司、年金基金與中央銀行的風控機制也帶來壓力。根據部分投資合約條件，當標的資產的信評低於特定級距時，須進行強制減倉或風險加權調整，這將進一步加劇資產價格波動與市場連鎖反應。

◇ 信任與治理的裂縫：不只是經濟問題

穆迪的報告中特別強調，「財政失衡不再只是預算問題，更反映出美國治理架構的持續弱化」。這番論述引發金融與政治層面的深層討論：美元霸權的根基，不只是軍事與貨幣發行權，更來自制度透明、法治精神與政策連貫性。一旦治理信任動搖，再多的量化寬鬆與升息循環都難以挽回長期投資人對信用秩序的信心。

事實上，從 2020 年以來，已有多份研究指出「制度信任」將成為未來國際貨幣競爭的新戰場。若美元體系無法在信用與治理層面維持優勢，全球資金將逐步轉向「去中心化」的資產選項，例如黃金、非美國主權債與數位穩定幣。

◇ 臺灣的因應：多元化與外匯流動性準備

面對評級下調所帶來的外部壓力，臺灣中央銀行於 2024 年底正式公布「儲備資產多元化計畫」，強調將增加對非美資產的配置比例，並同步提升外匯市場干預與流動性調節能

第一章　金融秩序的誕生與崩解的預兆

力。此一計畫包括：增持黃金與瑞郎短期票券、強化外匯市場即時監控系統、建立主權基金部門以提升長期配置彈性等。

此外，央行也與亞洲金融合作機構簽署貨幣互換協議，加強區域金融聯防體系，確保在美元資金成本飆升時具備自主應對能力。

新加坡金融管理局（MAS）與南韓央行亦採取類似措施，不僅增持具系統性低風險的資產，並強化本國貨幣市場的基礎建設與市場深度，避免過度依賴外部流動性。

◇ 未來展望：央行的新常態與金融地緣重構

美國主權信用的評級調降絕非單一事件，而是金融秩序調整的前哨。未來，央行在資產配置、外匯政策與風險治理方面，將不再僅以收益與流動性為主要指標，更需考量制度穩定性與政治風險。

世界正逐步走向「多元信任」的儲備體系。在這套新秩序中，央行成為全球風險的中介者、穩定器與判斷者。他們的決策將牽動資本的跨境流動、貨幣政策的聯動效果，甚至是國際談判的槓桿基礎。

穆迪的降評，也許是一次訊號，但對全球央行而言，卻是一次全面重新定義「安全資產」的契機。

第八節
去美元化的崛起：黃金與人民幣的替代夢

◇ 國際貨幣秩序的裂縫擴大

進入2020年代後，美國國債與美元主導地位頻頻遭遇信任危機，使得「去美元化」逐漸從邊緣議題走入全球金融體系核心。無論是地緣政治對抗、貿易戰升溫，還是西方制裁工具化的加劇，愈來愈多國家開始思考是否能擺脫對單一貨幣體系的過度依賴。

從俄烏戰爭後俄羅斯遭金融制裁、外匯儲備遭凍結，到伊朗、委內瑞拉等國被排除在全球金融體系之外，這些案例已讓全球部分國家認知到：美元雖為流通之王，但同時也可能成為風險之源。這一認知驅動了國際貨幣使用的重新調整浪潮，並催生對替代方案的積極投入。

◇ 黃金的回歸：信用脆弱時代的實體資產偏好

作為歷史最悠久的價值儲存工具，黃金在去美元化進程中扮演不可忽視的角色。自2022年起，全球央行黃金購買量持續攀升，已連續兩年創下新高，顯示市場對法定貨幣穩定性的疑慮正在轉化為對實體資產的偏好。

黃金的吸引力不僅來自其稀缺與避險特性，更因其不受

第一章　金融秩序的誕生與崩解的預兆

單一國家貨幣政策與債務狀況影響。對於尋求金融自主的國家而言，黃金不只是金融資產，更是一種戰略資產。包括中國、土耳其、印度與多數中亞國家，皆明顯增加黃金儲備比重，以降低對美元波動的敏感性。

此外，黃金也開始在部分雙邊貿易結算中扮演角色。少數產油國與進口國間試圖以黃金或以其為背書進行交易，雖尚未形成主流，但已展現國際交易行為的多樣化轉向。

◇ 人民幣的挑戰與進擊

作為唯一具備全球野心的非西方主要貨幣，人民幣在去美元化的浪潮中被視為潛在的替代選項。自中國政府推動「一帶一路」倡議以來，人民幣的跨境使用率穩定上升，2023 年已在部分貿易結算中超越歐元，成為全球第二大使用貨幣。

人民幣之所以具吸引力，部分原因在於中國與多國簽訂本幣互換協議、建立人民幣離岸市場與推動跨境支付系統，如 CIPS（跨境銀行間支付系統），提供非美元通道的金融基礎設施。這讓某些國家，特別是對美國不友善或受制裁風險高的經濟體，開始將人民幣納入儲備與結算組合。

但人民幣仍面臨透明度、匯率彈性與資本可兌換等挑戰，使其尚難完全取代美元在全球市場的地位。儘管如此，它的成長軌跡已顯示全球金融正逐步從單極走向多極格局。

第八節　去美元化的崛起：黃金與人民幣的替代夢

◇ 臺灣的應對與機會重估

在全球去美元化潮流中，臺灣作為出口導向經濟體，儘管仍以美元為主要結算工具，但亦不得不審慎因應外部貨幣結構變化。臺灣央行近年逐步增持黃金比例，並積極觀察區域貨幣結算機制的發展動向，顯示其對多元儲備策略的重視。

此外，隨著東協與東北亞推動本幣結算協議，臺灣企業在區域供應鏈中的角色亦須同步調整，以避免因過度依賴美元結算而在貿易中失去彈性。對民間資本而言，如何評估外幣資產配置風險、理解多元貨幣政策對企業現金流的影響，也成為財務管理的新課題。

◇ 未來趨勢：多貨幣世界的金融設計挑戰

去美元化並非意味著美元地位立即終結，而是代表一種長期制度轉變的開始。在未來十年內，國際貨幣體系極可能轉向「多貨幣競爭」與「多資產儲備」的混合架構。

這種體系將考驗央行與國家機構的策略設計能力，亦會重新定義金融安全、主權穩定與制度信任之間的關係。在這個新格局中，黃金將持續扮演信用錨定角色，人民幣還是會努力拓展實際使用領域，而美元則需正視自身信任基礎的鬆動，重新建構其制度公信力與全球合作的條件。

第一章　金融秩序的誕生與崩解的預兆

第二章
量化寬鬆與負利率：
從治療工具到失控機器

第二章　量化寬鬆與負利率：從治療工具到失控機器

第一節
QE 的誕生：2008 年之後的非常手段

◇ 危機當前：傳統工具失效的時刻

2008 年金融海嘯席捲全球，從雷曼兄弟破產到華爾街信心崩潰，一連串的資產泡沫與信貸斷鏈，使美國與歐洲主要經濟體陷入空前衰退。在這樣的背景下，各國央行迅速降息至近零水準，但經濟活動依然停滯不前。這時，傳統貨幣政策工具如利率操作已難以發揮刺激效果，必須尋求「非常手段」。

正是在這樣的歷史節點上，量化寬鬆政策（Quantitative Easing, QE）被正式端上檯面。其核心做法是由美國聯準會大規模購買政府債券與金融資產，直接將資金注入市場，藉此壓低長期利率、刺激投資與信貸成長。這一策略本質上是擴表操作，即美國聯準會資產負債表的快速擴張，企圖重啟凍結中的金融循環。

◇ 操作邏輯：從寬鬆貨幣到寬鬆信用

量化寬鬆並非單純的貨幣供給增加，而是試圖改變市場參與者的預期與風險偏好。當美國聯準會大舉購入公債與 MBS（不動產抵押證券）時，一方面壓低這些資產的收益率，另一方面也鼓勵資金流向股票、企業債與高收益資產，進一

第一節　QE 的誕生：2008 年之後的非常手段

步推升價格並刺激投資活動。

此外，QE 也是一種「心理戰」。美國聯準會透過前瞻指引與購債規模宣示，向市場傳遞「將不惜一切救市」的訊號，使投資人與消費者恢復信心。這種心理預期的操縱，使貨幣政策從單純工具，轉向市場預期的塑形工程。

◇ 擴表與泡沫：刺激與副作用的兩難

美國聯準會於 2008 年底啟動首次量化寬鬆，接續在 2010、2012 年推出第二與第三輪，資產負債表規模由原先不到一兆美元，迅速突破四兆美元。雖然 QE 成功阻止了金融系統崩潰，並為經濟復甦提供流動性基礎，但也帶來一系列副作用。

最明顯的是資產價格快速膨脹。美股自 2009 年起連續多年上漲，房地產價格回升，企業併購與創投市場活絡。然而這些繁榮並非來自實質經濟改善，而多來自資金成本偏低與借貸氾濫。當貨幣成為資產投機的燃料，政策效果開始脫離初衷，轉而助長資本市場的不均衡擴張。

◇ 臺灣與亞洲的間接受益與風險

量化寬鬆雖由美國主導，但其影響遍及全球。亞洲新興市場，包括臺灣、南韓與東協國家，在 2010 年代前期吸引大

第二章　量化寬鬆與負利率：從治療工具到失控機器

量熱錢流入，股市與房市同步受惠。然而，資金快速進出亦帶來極大不穩定性。每當美國暗示退場，這些市場便面臨資金撤離、匯率貶值與資產價格回調的壓力。

對臺灣而言，雖然量化寬鬆間接促進出口與資產行情，但央行政策彈性亦被迫壓縮，難以進行升息或資本管制。這顯示在全球貨幣聯動的環境中，即使本地經濟表現穩健，也無法免於外部政策所引發的金融波動。

◇ 後果初現：從治療工具走向結構依賴

到 2020 年新冠疫情再度引發全球經濟重創，各國央行迅速回到量化寬鬆模式，甚至更大規模、更無上限地投入市場。這種政策重複使用，顯示出金融體系對流動性支持的高度依賴，也讓 QE 從一開始的「救急工具」，逐步轉變為「結構性依賴」。

如今，各國央行面對的難題不再檢視是否 QE 有效，而是何時、如何退出，且不引爆新一輪市場恐慌與債務危機。這種兩難狀況，也代表著貨幣政策正邁入一個前所未有的模糊與高風險時代。

第二節　日本與歐洲的負利率實驗

◇ 零利率的盡頭：從刺激到陷阱

當傳統貨幣政策走向極限，央行利率降至零附近，市場便進入一個全新的實驗階段——負利率。最早採取這種政策的是日本與歐洲，兩地分別面對長期通縮與經濟停滯困境，被迫以極端手段刺激投資與消費。負利率的本意在於懲罰資金囤積、鼓勵放貸與消費，進而啟動經濟循環。但這項工具也打破了金融體系原有的運作邏輯。

自 1990 年代泡沫經濟崩潰後，日本長期陷入通貨緊縮與內需疲弱的困境。面對傳統貨幣政策工具效果遞減，日本銀行（BOJ）在多次降息後於 2016 年正式導入負利率政策，將政策利率中的部分（即存放在央行的超額準備金利率）調降至 -0.1%，試圖刺激放款與投資活動。歐洲中央銀行（ECB）則早在 2014 年就領先實施負利率，將存款機構的超額準備利率調降至 -0.1%，此後更於 2019 年進一步降至 -0.5%，成為全球負利率政策最為激進的主要經濟體之一。

這些負利率政策並非僅針對商業銀行，而是透過調控市場利率預期，壓低整體收益率曲線。尤其在長期國債利率與企業債券殖利率同步下行的情況下，負利率對金融市場定價機制與資本配置邏輯產生深遠影響，引發市場對「資本超額供給時代」與「避險資產負報酬」的討論。

第二章　量化寬鬆與負利率：從治療工具到失控機器

◇ 銀行業的矛盾：收益壓縮與風險轉嫁

負利率環境對銀行體系的衝擊極大。傳統上，銀行靠利差生存，也就是吸收存款再放貸。當利率為負時，放貸獲利空間被擠壓，部分銀行甚至需支付央行費用來存放超額準備金。這使得銀行更傾向將資金投入高風險或海外資產以維持收益，進一步擴大系統風險。

另外，對存戶而言，負利率等同於「存錢要付錢」，這打破了長久以來「儲蓄有利息」的理財觀念。部分歐洲國家銀行甚至對高額存款收取保管費，引發民間對金融制度的信任危機，也促使現金持有量上升，間接妨礙貨幣政策傳導機制。

◇ 市場異化：資產錯價與風險溢價消失

在負利率的扭曲環境下，大量資金湧向風險資產，使債券、股票與不動產價格飆升，但基本面卻無實質改善。資產報酬率與風險之間的合理對價機制開始失效，導致市場價格更依賴政策預期，而非真實需求。

特別是在歐洲，企業大量發行低利率債券，有些甚至出現負利率債券成交紀錄，等同於投資人「付錢給企業」借出資金。這種異常的市場結構，不僅扭曲企業籌資誘因，也讓資金配置效率嚴重下降。

第二節　日本與歐洲的負利率實驗

◇ 臺灣的觀察與距離

雖然臺灣未正式實施負利率，但對亞洲區域市場的聯動性仍高度敏感。日本與歐洲的負利率政策導致資金外溢，部分熱錢流入臺灣股市與房地產市場，推升價格與投資情緒。然而，這種資金流向並非本地經濟基本面驅動，而是全球低利與負利的間接結果。

此外，臺灣金融機構在投資配置上也受全球利率環境壓力，不得不提高對高收益債與風險資產的曝險程度。對一般民眾而言，儲蓄報酬長期低迷，也逐步改變保守理財行為，增加投資比例。這種結構變化或許短期有助經濟活絡，卻在長期累積了資產錯配與潛在風險。

◇ 走向何方：政策界線的重新界定

負利率本是非常時期的非常政策，但在日本與歐洲，其使用已延續多年，甚至逐漸內建於政策框架之中。這代表央行已進入政策工具極限區域，且傳統貨幣政策邏輯正在被顛覆。

面對這樣的局面，越來越多經濟體開始質疑負利率的實質成效與副作用，並試圖重新界定貨幣政策的目標與手段。未來如何在維持金融穩定、控制通膨與促進經濟三者之間取得平衡，將是央行無法逃避的核心挑戰。

■ 第二章　量化寬鬆與負利率：從治療工具到失控機器

第三節　通膨與通縮：貨幣政策的兩難

◇ 兩個敵人：截然不同的經濟壓力

通膨與通縮是經濟穩定的兩個極端威脅，但處理它們所需的政策方向卻南轅北轍。通膨代表物價全面上漲，侵蝕購買力與社會信任；通縮則象徵需求疲軟、價格下降與企業投資萎縮。對中央銀行而言，應對通膨的典型作法是升息緊縮，遏止貨幣流通；但對抗通縮則須降息擴張、激勵消費與投資。當這兩種現象交錯並存，央行便陷入選擇困境。

2020年代初期，全球經濟歷經前所未有的政策衝擊。新冠疫情導致的供應鏈中斷與大規模財政刺激，短期內掩蓋了通縮壓力，卻也為未來的通膨爆發埋下伏筆。2021年後，隨著原物料價格上漲與勞動力短缺蔓延，全球主要經濟體紛紛面臨數十年未見的通膨壓力。這使各國央行面對「早期過度寬鬆」與「後期通膨急煞」的政策連鎖反應。

◇ 通膨的風險：信心崩潰與社會不穩

當通膨率高漲超過薪資成長速度，民眾實質購買力下降，容易引發怨氣與不滿，特別是低收入家庭首當其衝。歷史上如1970年代的石油危機、美國經濟停滯性通膨時期，皆顯示高通膨將摧毀社會信心與預期，並使企業投資轉向避險

第三節　通膨與通縮：貨幣政策的兩難

而非擴張。

通膨亦會重塑資產配置。為避免現金價值縮水，投資人往往將資金轉入不動產、黃金或風險資產，推升資產泡沫的可能性。一旦央行為遏止通膨而升息過快，將又引爆信貸收縮、企業違約與消費萎縮的惡性循環。這種政策時機的拿捏極為關鍵，稍有延誤或過度，後果皆不堪設想。

◇ 通縮的陰影：惡性循環與投資停滯

通縮則是另一種深層危機。當物價長期下滑，消費者預期「明天會更便宜」，導致支出延後與需求減弱，企業隨之削減生產與人力，形成投資與就業下滑的惡性循環。日本自1990年代以來即飽受通縮之苦，即使實施長期低利與財政刺激，依然難以喚回經濟活力。

在通縮環境中，實際債務負擔上升，企業與家庭傾向去槓桿化，對信貸需求減弱，使央行政策傳導效果更加遲鈍。即使利率已趨近零，銀行不願放貸、企業不敢投資、消費者不敢花錢，讓整體經濟陷入所謂的「流動性陷阱」。

◇ 臺灣的平衡挑戰：外部輸入與內部結構

對臺灣而言，過去十年始終面對通縮與通膨雙重威脅。出口依賴使國際價格波動直接影響物價，房地產與股市過熱

■ 第二章　量化寬鬆與負利率：從治療工具到失控機器

亦加深了通膨感受。特別是 2022～2023 年間，全球原物料大漲與匯率變動交互影響下，臺灣短期進口通膨壓力劇增，政府與央行面臨進退維谷。

臺灣央行選擇漸進式升息與穩定匯率並行，試圖在壓制通膨與保住出口競爭力之間取得平衡。但由於民間投資結構偏重資產投資，消費動能仍偏弱，實質經濟成長並未如股市表現般亮麗。這種結構性問題也突顯出臺灣在貨幣政策之外，仍需結合財政改革與產業升級，才能真正擺脫政策兩難。

◇ 多重衝突下的貨幣策略未來

未來的貨幣政策將愈來愈難以用單一指標或單一工具因應。隨著全球化衝擊、氣候變遷、地緣政治與供應鏈重組等因素交織，通膨與通縮可能交錯並存，甚至在不同階層間產生矛盾效應。例如高資產者面對資產泡沫壓力，而底層民眾則承受消費通縮的實質壓力。

中央銀行的角色也因此變得更加艱難。除了監控物價與就業，還須評估金融穩定、社會影響與政策外溢效應。貨幣政策正從一項經濟技術工具，演變為制度治理與社會選擇的交叉點，這將深刻重塑下一代政策設計的基本思維。

第四節
美國聯準會的轉向與 2022 年升息風暴

◇ 破紀錄的緊縮週期：從零利率到暴力升息

2022 年，美國聯準會（Fed）展開自 1980 年代沃克時代以來最激烈的一輪升息循環，目的是壓制自 40 年來罕見的高通膨率。當年年中，美國消費者物價指數（CPI）年增率一度飆升至 9.1%，迫使聯準會結束長達十餘年的寬鬆貨幣政策，迅速轉向貨幣緊縮。

自 3 月起，聯準會連續七次調升聯邦資金利率，將利率區間從 0%～0.25% 快速拉升至 4.25%～4.5%（截至 2022 年底），幅度與節奏皆屬歷史罕見。這種「快速升息」策略，意圖藉由急遽提高資金成本，壓抑總體需求與信貸擴張，以遏止物價失控。

然而，資本市場對此轉折反應劇烈。美股主要指數於 2022 年全數收黑，S&P 500 年跌幅達近 20%；債市亦遭重創，長期公債與企業債券價格大幅下挫，殖利率曲線倒掛情形頻現。大量資金從風險資產撤出，湧入現金、短期工具與美元資產，造成全球金融市場波動與流動性壓力升高，並牽動多國央行政策轉向與匯率劇烈變動。

第二章　量化寬鬆與負利率：從治療工具到失控機器

◇ 通膨焦慮與政策誤判

美國聯準會早期對通膨的「暫時性」判斷，成為此次政策遲滯的關鍵背景。2021 年下半年起，儘管物價持續上揚，聯準會仍以疫情後復甦不穩為由，維持低利率與資產購買政策。直到 2022 年第二季，通膨壓力無法忽視，才急轉升息，但此時市場已高度依賴低利環境，調整代價劇烈。

市場對政策轉向的預期管理亦失靈。原先的「前瞻指引」體系被破壞，投資人對央行政策透明度與可預測性產生懷疑，加劇資產價格波動。這揭示出政策溝通與市場信心之間的脆弱平衡。

◇ 債務與信用的崩解：金融機構的壓力測試

升息效應最直接衝擊債務市場。長期以來借低利率融資的企業與家庭，面臨借貸成本暴增。美國不動產市場出現快速冷卻，房貸利率創下新高，購屋需求急速縮減。企業債利差擴大，特別是高收益債市場出現違約預期上升跡象。

部分金融機構資產配置過於集中於長天期低息資產，在升息環境下面臨巨額未實現損失。這為 2023 年矽谷銀行倒閉埋下伏筆，也突顯出央行政策與金融穩定之間的張力與矛盾。

第四節　美國聯準會的轉向與 2022 年升息風暴

◇ 臺灣的聯動震盪與政策困境

臺灣作為小型開放經濟體，高度依賴美元體系，2022 年起亦面臨升息壓力。中央銀行雖採取漸進式升息路線，但新臺幣兌美元仍出現明顯貶值，資金外流與股市修正同步發生。部分企業融資成本上升，導致投資計畫延後。

此外，房地產市場與金融機構同樣承受壓力。長期習慣於低利的借貸民眾，需重新適應高利時代的現金流安排，亦使銀行風控模型需重新校準。臺灣政策當局面對外部利率高壓與內部成長疲軟的矛盾，只能以更高調的「穩健金融」為名，採取局部防禦性策略。

◇ 危機過後的轉向思考

這場升息風暴不僅是對市場的壓力測試，更是一場貨幣政策制度的重新審視。長期依賴低利率與擴表的全球金融結構，在面對通膨與信心轉折時顯得格外脆弱。

未來，中央銀行如何在價格穩定與金融穩定之間取得平衡、如何避免政策延後與過度修正的錯誤循環，將成為新的治理考題。而美國聯準會 2022 年的政策轉折，已成為全球央行再次警惕「信心過剩」與「預期誤導」的歷史教材。

第二章　量化寬鬆與負利率：從治療工具到失控機器

第五節
矽谷銀行事件：負債定價的崩塌

◇ 升息衝擊的第一張骨牌

2023 年 3 月，美國科技與創投圈知名的矽谷銀行突然宣告倒閉，引爆全球市場震撼。作為一家擁有超過 40 年歷史、資產規模超過 2,000 億美元的區域性銀行，其倒閉並非源於貸款違約，而是來自資產與負債結構的嚴重錯置——一場由利率快速上升引爆的流動性危機。

矽谷銀行的核心問題在於其資產集中於長天期美國國債與不動產抵押貸款證券（Mortgage Backed Security, MBS），而其負債主要來自短期企業存款，特別是風險資本基金與新創公司的營運資金。在美國聯準會暴力升息後，這些長期資產的市價出現大幅未實現損失，而存戶因資金壓力與恐慌快速提領，使銀行陷入流動性枯竭，最終無法維持正常營運。

◇ 現代銀行風險的新樣貌

矽谷銀行的倒閉揭示了當代銀行風險結構的深刻轉變。過去，銀行危機往往源於信貸擴張過度或資產品質惡化，但此次事件則來自於「安全資產」的再定價與「預期變動」的快速傳染。當市場發現長天期國債因升息出現巨額浮虧，而銀

第五節　矽谷銀行事件：負債定價的崩塌

行未能即時調整資產結構，信心崩潰便迅速蔓延。

更重要的是，社群媒體與即時通訊的傳播效應，加速了擠兌進程。僅 48 小時內，矽谷銀行即遭遇超過 400 億美元的資金抽離，這種超速擠兌模式過去難以想像，也超出傳統監理機構的應對設計。

◇ 監理與估值模型的盲點

事件發生後，美國聯準會與監理機構迅速介入，啟動系統性風險應變機制，確保所有存款全數保障，以防止信心危機擴散。然而，這場事件也暴露監理制度與金融估值模型的嚴重失靈。

在矽谷銀行倒閉前，並未被列為「系統重要性金融機構」，因此不受更嚴格的壓力測試與資本要求限制。其資產負債表在帳面上看似穩健，但實際上卻隱含對利率敏感度極高的風險暴露。傳統的資產負債評估與風險控管，顯然未能納入「高變動性預期環境」下的壓力情境。

◇ 臺灣金融體系的警示意涵

矽谷銀行事件對臺灣的直接影響有限，但其傳遞出的制度警訊不容忽視。臺灣多數中小企業與新創公司亦仰賴集中金融服務，而臺灣金融機構對美國債券與境外債配置比重逐

第二章　量化寬鬆與負利率：從治療工具到失控機器

年上升，面對升息與匯率波動的估值風險逐步顯現。

此外，臺灣銀行業過去習於穩定低利環境，對於極端利率轉折與市場波動的情境準備不足。矽谷銀行的崩潰案例，促使主管機關重新檢視風險集中度、存款結構與流動性管理機制，並加強對即時性市場風險的監控。

◇ 新時代的風險與信心管理課題

矽谷銀行倒閉事件並非單一機構風險失控，而是一種系統性錯配結構的展現。在高度數位化與金融工具複雜化的今日，傳統的風險評估模型已無法準確掌握「流動性信心」與「利率再定價」的交互效應。

未來的金融體系治理，必須正視市場預期行為與資訊傳播速度的劇變，強化跨機構、跨資產的壓力測試框架，並重新定義「穩健經營」的核心指標。從矽谷銀行的教訓出發，全球金融機構與監理部門需共同回應這個利率波動新常態下的風險重構時代。

第六節　貨幣政策的極限與無效性

◇ 理論工具的邊界暴露

貨幣政策長期以來被視為政府管理經濟循環的重要槓桿。透過利率調整、準備金比率與公開市場操作，央行得以刺激或壓抑信貸活動，穩定通膨與就業。然而，自2008年以來的多次危機與2020年代的極端情境逐漸揭示：當利率接近零，貨幣供給極大化後，貨幣政策的效果不再如預期那般顯著。

所謂「流動性陷阱」的情境便是一例。即便市場資金充沛、利率低至歷史新低，企業仍不投資、民眾仍不消費，整體經濟仍呈現停滯甚至萎縮。這種情境下，貨幣政策失去了傳導機制，流動性不再轉化為實質需求，形成典型的無效政策困境。

◇ 負利率與QE的失靈時刻

日本與歐洲推動負利率政策多年，並未成功刺激通膨或大幅改善實質經濟。相反的，過度依賴央行支撐，讓企業與市場形成「央行不會退出」的預期，導致結構改革延宕與風險累積。

量化寬鬆政策初期雖有成效，但當央行資產負債表膨脹至天量，購買力效果遞減反而加劇市場資產泡沫與貧富差

第二章　量化寬鬆與負利率：從治療工具到失控機器

距。過去以「印鈔解困」為核心的策略，到了 2022 年後，面對高通膨與債務飽和的雙重壓力，已無法再輕易啟動，反而成為金融市場信任的潛在破口。

◇ 債務經濟的貨幣困局

當各國政府大規模舉債支撐疫後復甦，各國央行面臨前所未有的難題：若升息壓抑通膨，則債務負擔迅速惡化；若不升息，則物價失控與幣值信任滑落。此即所謂「貨幣政策與財政政策的捆綁」現象。當央行開始肩負穩定政府財政的隱性責任時，其獨立性與效果皆大打折扣。

此外，企業與家庭在長期低利環境下過度槓桿化，一旦利率轉折，即陷入償債壓力與消費緊縮，貨幣政策反而成為市場崩潰的導火線。這些矛盾顯示，貨幣政策已無法單獨解決結構性問題，反而可能成為經濟失衡的推手。

◇ 臺灣案例：政策工具的多重疲乏

臺灣央行在 2022 年面對升息壓力時，試圖透過緩步升息與匯率管理兼顧出口與物價穩定。然而政策傳導效果相對有限。民眾對利率敏感度不高，房市與股市投資持續火熱，反而強化「利率仍低」的預期心理。

同時，銀行放款資源主要流向資產與不動產，而非實質

第六節　貨幣政策的極限與無效性

生產投資,使得利率政策無法有效調整資金配置方向。這反映出臺灣貨幣政策雖制度完整,但面對資本全球化與財富分配極化時,效力已逐漸減弱,必須仰賴更綜合性的財政與產業政策配合。

◇ 未來的治理思維轉變

當貨幣政策效能持續下降,央行角色正從「獨立調控者」轉變為「社會穩定參與者」。這不僅需跨部門協調,更需政策目標重新設計。例如應將金融穩定、資產分配與永續轉型納入決策核心,而非僅以通膨與就業數字為指標。

最終,貨幣政策將走出一條融合財政、產業與社會政策的新治理道路。政策設計也須重新擺脫「工具至上」的迷思,回到制度本源,探討經濟治理如何真正服務於公共利益與長期韌性。

第二章 量化寬鬆與負利率：從治療工具到失控機器

第七節　錯配的資產泡沫與消費幻覺

◇ 被寬鬆催生的繁榮假象

長期寬鬆政策與低利率環境，未能如期刺激實質經濟活動，反而造成資金大量湧入資產市場，引發資產價格與真實經濟脫鉤的現象。股市屢創新高、房地產價格飆漲，看似一片繁榮，實際上卻是對寬鬆貨幣政策的預期與套利行為在主導。

這種繁榮具有極強的「心理泡沫」成分。當人們將股價與房價上漲視為個人財富成長的象徵，消費信心被短期資產帳面收益所強化，進而出現所謂的「財富效果」。然而，一旦利率調升或流動性收緊，這種基於虛假價格基礎的信心便會迅速瓦解。

◇ 消費擴張的錯覺與透支

資產泡沫往往伴隨消費過熱現象。許多家庭在看到房價上漲或投資帳面盈利後，選擇擴大信用卡額度、辦理信貸或高額房貸，導致負債率提升，實質購買力卻未見明顯增加。當通膨壓力升高、實質所得被壓縮時，這些「透支式消費」將轉化為沉重的償債壓力。

2021～2022年間，臺灣與多數亞洲市場均觀察到這種現象。房市高漲與股市熱絡，促使家庭部門增加高風險金融

操作，而消費支出並未來自薪資提升，而是基於資產增值的心理預期。這種錯置的消費型態，將經濟增長建立在不穩定基礎之上。

◇ 企業投資錯置與資本浪費

不只家庭，企業在資產價格走高的環境下也出現策略錯置。不少公司選擇回購股票、美化財報，甚至將資金投入不動產或金融性資產，而非研發、生產設備或人力資本。這樣的投資偏誤導致整體資本形成品質下降，長期影響生產力與競爭力。

更嚴重的是，當企業經營方向與資產價格綁定，便容易忽略實體市場需求變動。當金融市場反轉，這類企業將陷入「資產縮水＋主業疲軟」的雙重風險，成為泡沫破裂下的第一批受害者。

◇ 臺灣實例：資產熱與消費表象

臺灣在 2020～2023 年間經歷一段資產行情亢奮期，房價持續上揚，股票市場熱度不減。政府雖有選擇性信用管制措施，但資金動能與低利環境仍鼓勵大量資產投機活動。此期間，消費信心指數同步攀升，民間投資與耐久財支出上升，乍看之下是經濟成長的重要引擎。

第二章　量化寬鬆與負利率：從治療工具到失控機器

然而，觀察家庭債務比率與收入增幅落差即可發現，這場繁榮建立在對未來所得與資產價格持續上升的預期基礎之上。一旦全球升息循環壓抑資產行情，這類透支型經濟動能將迅速反轉，形成「資產縮水－消費收斂－景氣反轉」的惡性循環。

◇ 重估價值的時刻來臨

當市場逐漸認清資產價格與實體經濟的落差，重估風險與價值將成為新常態。央行、政府與民間部門需共同調整對於財富、成長與投資的理解：不能再依賴資產上漲創造虛幻繁榮，而應強化對實質產出的支持。

資產泡沫所激發的消費幻覺終將破滅。當泡沫破裂之後，真正具備韌性的經濟結構，不是來自房價或股市的走勢，而是生產力、創新與所得分配的健康。這場錯配修正，可能殘酷，卻是邁向實質穩定的必要途徑。

第八節
負利率如何重塑資本與儲蓄邏輯

◇ 儲蓄觀念的結構翻轉

傳統上,儲蓄被視為風險最低的資產配置方式,能累積未來消費力並維持財務安全。但當利率趨近於零甚至跌入負值,儲蓄不僅無法產生利息收益,反而需付出保管成本。這讓資金持有者面臨一項空前難題:穩健儲蓄竟成為財富流失的途徑。

在負利率環境下,許多歐洲與日本銀行開始對高額存款收取保管費用,使得企業與高資產個人被迫將閒置資金轉向其他替代性工具,包括高收益債、房地產、甚至數位資產與藝術品等非傳統儲值工具。資產市場因而充斥過量資金,進一步推升價格,也擠壓了中小投資者的可進入空間。

◇ 資本配置的風險傾斜

當無風險資產的報酬率為負時,傳統資產組合理論面臨挑戰。負利率迫使投資者必須承擔更高風險以獲取正報酬,也造成資本市場「逼風險化」現象。這不僅降低了投資行為的穩定性,也可能導致流動性過剩集中在少數標的,造成價格嚴重偏離基本面。

第二章　量化寬鬆與負利率：從治療工具到失控機器

負利率也改變了企業的投資邏輯。在資金幾乎無成本的環境下，一些企業選擇大量舉債進行併購或回購股份，創造帳面股東價值，卻未必實際擴張產能或創造就業。這種資本使用方式雖符合短期財報邏輯，但從全體經濟而言，卻是資本配置效率的退化。

◇ 消費與儲蓄心理的轉變

負利率不僅是一項經濟政策工具，更深刻地改變了人們對金錢時間價值的認知。當持有現金等同於損失，儲蓄不再是未來安全的保證，反而激起消費的即時化衝動。年輕世代對「延遲滿足」的觀念淡化，也與這種政策背景形成呼應。

許多家庭選擇將資金投向短期享樂或實物資產，如高級消費、旅遊、保值性商品，而非傳統金融工具。這種儲蓄習慣的轉變，雖能短期拉抬內需，卻也增加了未來應對風險的脆弱性，尤其在面對突發事件或退休準備不足時尤為明顯。

◇ 臺灣社會的資金焦慮實況

雖然臺灣未正式進入負利率政策，但全球利率低迷與金融市場結構變化已經深刻影響本地儲蓄與投資行為。銀行定存利率多年低迷，民眾被迫尋求其他理財管道，導致資金大量流入房市與股市，價格飆升進一步放大資金焦慮。

第八節　負利率如何重塑資本與儲蓄邏輯

　　許多家庭原本依賴定存利息維生,如退休族群,在低利時代下被迫轉向更具風險的投資商品,增加整體金融脆弱性。對青年而言,資產累積困難、儲蓄動機低落,未來財務安全的基礎日益動搖。這些結構性轉變,已不是短期利率政策所能扭轉,需搭配長期社會保險與資產配置教育機制。

◇ 後負利率時代的制度重構挑戰

　　當部分央行逐漸退出負利率政策,進入升息週期時,許多人已適應低利或負利環境下的行為邏輯。一旦利率上升,原本建立在極低資金成本下的資產配置與儲蓄選擇可能產生錯置風險,甚至引爆違約與流動性問題。

　　因此,未來政策設計不應僅關注利率本身,而應聚焦於如何建立合理的儲蓄誘因、促進長期資本形成與減少資產泡沫化傾向。負利率的出現雖是歷史偶發,但其對金融體系、社會心理與制度設計的影響,將長期存在,並需要我們重新定義「儲蓄」與「資本」的真正價值。

第二章　量化寬鬆與負利率：從治療工具到失控機器

第三章
金融資本的黑手：
避險基金與超限操作

第三章　金融資本的黑手：避險基金與超限操作

第一節
避險基金的起源與量子基金的傳奇

◇ 菁英資本的崛起與操作邏輯

避險基金的歷史可追溯至 1949 年，由美國記者與投資人阿爾弗雷德・瓊斯（Alfred Winslow Jones）創立。瓊斯的策略開創性地結合多頭與空頭部位，同時使用槓桿，目標並非單純擊敗市場，而是創造「絕對報酬」──無論市場上漲或下跌都能賺錢。這種操作方式與傳統共同基金截然不同，也代表著一種更主動、更靈活且更具風險性的資本運作邏輯。

避險基金並非向所有投資人開放，而只接受所謂的「合格投資人」，如機構資金、超高淨值個人、家族辦公室等。它們運作機密、策略多元，從股票、債券、期貨、匯率、衍生品到商品市場皆可操作。其盈利手段常建立在資訊優勢、速度優勢與制度漏洞之上。

◇ 量子基金的神話與震撼

1990 年代，由喬治・索羅斯（George Soros）與史丹利・卓肯米勒（Stanley Druckenmiller）主導的「量子基金」將避險基金的知名度推向巔峰。最為世人所熟知的是 1992 年的「英鎊狙擊戰」，索羅斯看準英國央行無法支撐固定匯率制度，果

第一節　避險基金的起源與量子基金的傳奇

斷大量做空英鎊，最終逼迫英國退出歐洲匯率機制，索羅斯一役大賺十億美元，被譽為「擊潰英格蘭銀行的男人」。

這場事件不僅奠定量子基金的神話地位，也揭示避險基金能夠動搖國家經濟政策的巨大能量。市場對此態度兩極：一方面佩服其判斷與操作技巧，另一方面也擔憂資本市場是否過度集中在少數幾位投資大師手中，造成權力與責任的極度不對稱。

◇ 資本流動與國家主權的碰撞

量子基金的成功象徵了一個時代的來臨 —— 資本不再只是經濟成長的助力，而成為國際政治賽局中的主角。當避險基金針對特定國家發動資本攻擊時，不只是金融市場波動，更會影響到貨幣穩定、財政平衡甚至政府信任。這種現象被稱為「金融主權的侵蝕」，亦即私人資本得以在無需負擔公共責任的前提下，左右國家政策走向。

從東南亞金融風暴、阿根廷主權債危機，到後來的希臘財政危機，避險基金無不扮演核心角色。這些事件讓許多新興市場與開發中國家開始質疑「金融自由化」是否真的帶來經濟效率，還是僅讓國內經濟暴露在無法承受的外部衝擊之下。

第三章　金融資本的黑手：避險基金與超限操作

◇ 臺灣經驗：防線與挑戰並存

臺灣資本市場自 1990 年代以來雖逐步開放，但避險基金參與程度相對保守，主要透過境外交易、ETF 操作或期貨市場進入。然而在 2010 年後，隨著國際資本加速流動，臺灣股市亦時常成為避險基金短期操作的標的。

特別是匯率市場上，當避險基金透過複雜交易策略押注新臺幣升貶時，對央行政策操作造成壓力，迫使金管會與中央銀行需更加審慎觀察資本帳變動。避險基金的進出雖有其市場功能，如增加流動性與價格發現效率，但過度集中或高頻操作也可能造成價格扭曲與金融脆弱。

◇ 菁英操盤與公平秩序的矛盾

避險基金代表著金融資本的極致運作模式──快速、精準、不受拘束，卻也充滿道德爭議與治理挑戰。當龐大資金在極少數操盤手手中運作，他們不僅能撼動市場，甚至能左右政策與制度演變，這與民主社會講求的公平、透明與問責原則產生根本衝突。

在這樣的結構中，制度設計的關鍵不再只是防弊，更在於如何確保市場運作邏輯不會被少數人私有化。避險基金雖非天生有罪，但在其行為可及的範圍日益擴張之際，世界各國亟需對其角色、規範與責任進行深刻重估，否則未來的金融秩序恐將陷入更大的不平衡與失控。

第二節 「長期資本管理公司」LTCM事件與系統性風險的前兆

◇ 金融菁英的信心與盲點

1990年代末期，一家名為「長期資本管理公司」(Long-Term Capital Management, LTCM)的避險基金，以其卓越的智庫陣容與複雜的數學模型，被譽為華爾街最聰明的投資團隊。該基金由諾貝爾經濟學獎得主麥倫·休斯(Myron Scholes)與勞勃·莫頓(Robert Cox Merton)擔任顧問，創辦人約翰·梅利威瑟則是前所羅門兄弟的交易主管。LTCM採取高槓桿的套利交易策略，從跨國債券利差中擷取微利，靠著複雜模型與大量資本，獲得了初期驚人的報酬率。

然而，這種策略建立在市場正常波動與歷史行為可預測的假設之上，對突發性、非理性與系統性事件的應對能力極低。當1998年俄羅斯爆發主權債違約，市場波動劇烈超出模型容忍範圍，LTCM的多項部位(Position)同時虧損，引發連鎖反應。

◇ 槓桿操作的失控樣貌

LTCM的危機關鍵不在於單一失誤，而是其高達25～30倍以上的財務槓桿。這代表一美元的資本控制25～30美元的市場部位，一旦價格微幅波動，資本便快速蒸發。由於

第三章　金融資本的黑手：避險基金與超限操作

LTCM 與多家國際大型銀行有龐大交易關係，其潛在違約風險迅速蔓延至整個金融體系。

在這種情況下，市場出現流動性乾涸，避險資產價格反常波動，各類金融機構相互猜疑、迅速撤資。這使得 LTCM 事件不再是單一基金的投資失誤，而是演變成可能波及整體金融市場的系統性風險來源。

◇ 聯準會的干預與制度辯論

最終，美國聯準會出面協調，包括高盛、美銀、美林、瑞銀等十四家大型金融機構共同出資 32 億美元，組成救助聯盟，接手 LTCM 部位，以防止市場失序擴大。這次干預並非基於公共資金注入，而是央行扮演談判平臺角色，使私人金融機構主動出面處理風險。

這種作法引發兩大爭議。其一是「道德風險」：若市場參與者知道大型失敗有救助可能，是否會助長過度冒險行為？其二是「制度邊界」：當私人金融機構大到不能倒時，中央銀行是否有義務介入？這些問題延續至今，並於 2008 年金融危機再次浮現，顯示當年 LTCM 事件只是序章。

◇ 臺灣視角：風險傳導的啟示

LTCM 雖屬美國事件，卻對全球金融市場帶來深遠影響。臺灣當時金融市場尚未完全開放，但隨著外資比重日漸

第二節 「長期資本管理公司」LTCM 事件與系統性風險的前兆

上升,市場對海外資本異動的敏感性逐步升高。此事件也促使金管會強化對高槓桿投資工具的監管,並要求本地銀行與券商提升風險評估能力。

更重要的是,LTCM 讓臺灣金融業者意識到:「風險不是分散就足夠,而是必須理解其集中點與連動性。」這對後來風險控管制度建設產生重要推力,也奠定金融市場逐步朝向國際標準治理的起點。

◇ 模型信仰的反思與現代意涵

LTCM 事件警示了對數學模型過度信任的危險。雖然精密計量可提升操作效率,但無法涵蓋黑天鵝事件與市場情緒崩潰等非理性因子。當市場不再遵守常態分布,而出現極端變動時,模型不僅無效,還可能成為系統風險的放大器。

當代金融科技發展下,模型驅動投資愈加普遍,從量化交易到 AI 資產配置皆依賴類似邏輯。LTCM 的歷史提醒我們:風險不只存在於操作錯誤,更潛藏於信念僵化與過度自信之中。真正的穩健金融治理,應在數據背後保有懷疑精神與制度柔性。

第三章　金融資本的黑手：避險基金與超限操作

第三節
全球宏觀套利：以國家為賭桌的資本

◇ 國際資本如何設下賭局

全球宏觀套利策略的本質，是透過跨市場操作，利用不同國家之間的利差、匯率變動與政策週期落差，進行高槓桿交易。在這個策略下，國家不再是金融政策的主權主體，而是被當作套利籌碼──匯率成為可下注的工具、債市成為可壓縮的槓桿空間。

這類操作常見於新興市場。當地政府為維持匯率穩定或吸引資本，往往保持較高利率水準，吸引套利資金流入。然而，這些資金並非長期投資，而是尋求短期利差收益，一旦外部環境變動（如升息預期、地緣衝突），資金便會迅速撤離，引發市場恐慌與金融動盪。

◇ 金融風暴的根源與重現

1997 年亞洲金融風暴即為全球宏觀套利的經典案例。當時泰國維持固定匯率制度以吸引外資，但國內經濟結構脆弱、金融監管薄弱，成為套利基金進攻目標。大量資金先進入推升資產價格，再於市場信心動搖時集體撤出，導致泰銖崩盤，並迅速波及印尼、韓國與馬來西亞。

第三節　全球宏觀套利：以國家為賭桌的資本

這類操作邏輯亦見於 2013 年美國聯準會暗示縮減購債時期，新興市場股匯雙殺，稱為「削減恐慌」（Taper Tantrum）。這些事件再次說明，當國際資本自由流動但制度監理未臻健全時，主權經濟體很容易成為全球資金巨浪下的「浮洲」。

◇ 槓桿與規模：對主權的對賭邏輯

全球宏觀套利的風險並不只在於金額大小，而在於槓桿結構與機制設計。避險基金往往以十倍、二十倍的財務槓桿操作跨國部位，將原本可控的市場波動放大為難以收拾的金融海嘯。

更值得注意的是，這些資本操作不需負責任於公共後果。當套利成功，收益流入私人口袋；但一旦出現流動性危機或資產錯價，損失卻往往由地方政府或中央銀行承擔。這種「私利化收益，社會化損失」的邏輯，是當代金融資本主義中最受批評的制度不正義之一。

◇ 臺灣經驗：穩定機制與壓力測試

臺灣歷經 1997 年亞洲金融風暴與 2008 年次貸危機後，逐步建立起更健全的外匯儲備體系與資本帳監管機制。對於短期資本流動，金管會與中央銀行均建立即時追蹤與熱錢應對機制，盡量避免重蹈新興市場劇烈波動的覆轍。

第三章　金融資本的黑手：避險基金與超限操作

然而，在全球資本流動加速與避險需求變異的時代，臺灣依然難以獨善其身。特別是在新臺幣匯率、政府債券殖利率與科技股本益比等領域，避險基金與跨國資金常透過高頻交易、選擇權操作等方式進行短期套利。這些操作雖不違法，但可能加劇市場波動與政策傳導失效，需持續監控與制度演進因應。

◇ 資本自由化的悖論

宏觀套利策略的本質挑戰，在於它揭示了資本自由流動與政策主權之間的結構矛盾。當一國政策為維穩匯率、控制通膨而設計，但資本市場卻容許高頻撤出與大額對賭時，政策效果往往落空，反而加劇不穩定。

這也帶出一個更深層的問題：現行國際金融秩序是否仍服務於長期經濟發展，還是已淪為少數金融機構與套利資本獲利的舞臺？若答案偏向後者，則全球金融治理勢必面臨重新協商與制度重構的壓力。否則，下一場以國家為賭桌的金融戰役，只會更加激烈與失控。

第四節
做空與操控：市場自由的虛假面具

◇ 做空的初衷與功能迷思

在金融市場中，做空原本被視為維持市場效率的機制。投資人透過預測某資產價格下跌，借券賣出，待價格下跌後買回償還，以賺取價差。理論上，做空可加速市場修正錯價、揭露泡沫與財報舞弊。然而，當做空行為成為操控工具，其「矯正市場」的功能反而轉化為製造恐慌與利益掠奪的手段。

許多避險基金與大型機構運用大量資金與高頻交易技術，在市場流動性不足時刻集中打壓特定標的，配合匿名放空報告與輿論操作，使資產價格迅速下跌，引發信心危機。這種手法常造成標的公司資金鏈斷裂、股東損失嚴重、員工面臨裁撤風險，其實質社會成本遠高於財務報表所呈現的波動幅度。

◇ 操控策略的灰色地帶

市場操控並不總是赤裸裸的非法行為，更多是藏於法規縫隙之中。例如部分基金在公開做空前，已預先累積大規模空單，再透過媒體與報告創造風向，引導散戶拋售；或是透過買權、賣權的連動機制製造技術性崩盤，進而在跌停前完成出場。

第三章　金融資本的黑手：避險基金與超限操作

此外，市場結構的集中化也加劇操控風險。許多交易平臺與做市商本身即與避險基金有資本或資訊連結，這使得所謂「自由市場」其實早已失去資訊對等與公平競爭的根基。價格不再是供需的反映，而是金融勢力角力的結果。

◇ 法制與倫理的落差難題

做空操控的危害，常落於制度延遲反應之間。證券交易法雖禁止明確的「操縱市場」行為，但對於輿論放話、估值模型調整或匿名報告等行為界定模糊。部分操作即便傷害市場，也難以在司法上構成「蓄意操縱」，讓操盤者得以全身而退。

更棘手的是倫理責任。避險基金操作雖符合法規，但其行為影響卻涉及社會穩定與民眾財富分布。當金融操作者將金融市場視為「賽局」而非「資源分配機制」，其對公共利益的漠視便可能導致政策失靈與制度信任崩解。

◇ 臺灣市場的脆弱與回應

在臺灣，做空操作長期存在，但規模與工具相對受限。2020 年後隨著期權商品與 ETF 操作普及，外資與機構的做空能量提升，對中小型股尤其影響顯著。部分企業曾因被點名「基本面不穩」而遭遇股價連續跌停，導致融資爆倉與投資人損失慘重。

第四節　做空與操控：市場自由的虛假面具

金管會雖有「禁空令」與放空比限制等措施，但在資本全球化的背景下，制度反應速度與金融創新難以同步。臺灣也缺乏獨立機構進行空方報告查核與市場影響評估，導致輿論戰成為價格殺器，市場治理壓力倍增。

◇ 自由市場的邊界辯證

做空並非原罪，操控才是。問題在於市場自由的定義若僅局限於「進出自由」而非「公平對等」，則其結果只會淪為強者通吃的競技場。在這樣的制度設計下，風險被社會化，收益則被私有化，最終將扭曲市場功能並侵蝕金融正當性。

未來應強化對於短期異常交易與輿論操作的預警機制，建立公正監理架構，並要求大型機構對其市場行為負有更高程度的社會責任。否則，所謂的市場自由，不過是一張遮掩操控與不公的面具。

第三章　金融資本的黑手：避險基金與超限操作

第五節　散戶反攻：美國電玩零售商 GameStop 事件的真義

◇ 群眾與機構的金融對決

2021年初，一家業績平平、營運陷困的美國電玩零售商 GameStop，突然成為全球金融焦點。這場事件的起因並非來自公司基本面改變，而是一群散戶在 Reddit 論壇「Wall Street Bets」號召集結，以報復性做多對抗避險基金的大量空頭部位，短時間內將股價從十美元飆升至數百美元。

這場突如其來的市場逆襲，不僅重創空頭機構，也打破了長期以來由大型機構壟斷資訊與資本的金融秩序。散戶首次以集體力量改變股價走勢，讓市場見識到社群動員的威力與市場自由的另一種詮釋方式。

◇ 資訊平權與平臺戰場

GameStop 事件的發酵並非偶然，它反映了散戶世代在社群媒體與零手續費交易平臺催化下的集體覺醒。透過 Reddit、Twitter、Discord 等管道，年輕投資人迅速交換情報、共享交易策略、建立共同信念，並透過 Robinhood 等免佣金平臺直接參與股市。

這種「資訊平權＋交易無門檻」的結合，讓散戶首次擁有

第五節　散戶反攻：美國電玩零售商 GameStop 事件的真義

與機構對抗的舞臺。但同時也暴露平臺自身角色的矛盾。當 GameStop 股價飆升至失控時，Robinhood 等平臺限制交易，引發用戶強烈反彈，認為其實質上為大型機構護航，戳破了自由市場的幻象。

◇ 市場公平的制度問號

GameStop 事件掀起的波瀾不僅在於價格異常，更在於其對制度公平的質疑。多年來，做空機構透過空單與輿論影響力左右市場評價，而當散戶以相似方式操作卻被平臺限制交易，這顯示金融市場的「公平競爭」其實充滿雙重標準。

此外，事件也暴露出監管機構對於新型態交易行為的無所適從。究竟集體買入是否構成操縱？平臺限制是否違反投資自由？這些法律與倫理爭議至今仍未獲明確解答，但已促使多國監理機構重新審視市場規則是否仍適用於數位世代的金融實踐。

◇ 臺灣視角：世代金融的潛在衝突

雖然 GameStop 事件屬於美國市場，但臺灣社群投資的熱潮亦迅速升溫。年輕族群熱衷於 PTT、Dcard、Telegram 等平臺組成投資社群，共同關注特定標的並同步操作。儘管尚未出現如 GameStop 般的大規模事件，但類似行為已經改變

第三章　金融資本的黑手：避險基金與超限操作

本地股市的價格反應與訊息流動機制。

更重要的是，這場散戶運動引發對傳統金融教育與世代資本差異的反思。年輕人面對資產門檻高漲與所得停滯，已不再信仰長期價值投資或退休儲蓄的穩健邏輯，而傾向於透過集體行動尋求短期逆轉機會。這種行為背後的焦慮與反抗，值得制度設計者認真回應。

◇ 群眾行動的可能與局限

GameStop 事件證明了網路時代的散戶可以團結、可以動員，甚至可以改變市場。但它同時也揭示了此種行動的局限──當信仰取代基本面、當情緒凌駕理性，市場將難以回應實質經濟的訊號。

未來的金融制度若欲維持穩定與正當性，不能只靠技術防火牆與交易限制，更需透過制度設計，讓市場真正成為資訊對等、公平參與的場域。否則，GameStop 可能只是第一場戰役，後續更多由群眾發動的市場挑戰，仍將一波波來襲。

第六節　AI 與量化策略的新金融傀儡

◇ 從演算法交易到自動化金融

近年來，人工智慧與量化模型迅速滲透全球金融市場，演變為操盤系統的中樞力量。透過巨量資料分析與高頻運算能力，這些系統能在毫秒內完成買賣決策，避開人類情緒與主觀判斷，被視為提升市場效率的技術突破。

然而，隨著這類技術不斷進化，其「自我學習」與「模型演化」特性也讓人開始擔憂：當市場的主要價格信號都來自演算法之間的互動時，是否已經進入「由機器為機器而設的市場」？人類交易者與監管者，是否已無法真正掌握市場邏輯？

◇ 黑箱決策與風險放大

AI 與量化交易策略往往建立在難以解釋的模型之上，尤其是在深度學習與強化學習應用逐漸普遍的情況下，金融系統的風險來源已從「人為判斷失誤」轉向「模型失靈但難以預警」。

2021 年某歐洲大型避險基金因量化策略在多個市場同時失靈，單日內損失近 15 億美元。事後分析發現，演算法無法應對突發性地緣政治風險，且彼此間互為參照，形成「模型共振」。這類風險無法透過傳統壓力測試預測，成為監管難題。

第三章　金融資本的黑手：避險基金與超限操作

◇ 自動交易與市場操控的新形式

量化交易也改變了傳統操控市場的手法。過去操控需依賴資本規模與輿論影響，如今則可透過 AI 程式操控訂單流、製造假成交量、誘導技術指標，影響其他模型判斷，進而主導價格走勢。這種「數位幽靈操盤」形式不僅難以辨識，更可能在極短時間內引發市場閃崩。

例如 2010 年美股「閃崩事件」，短短數分鐘內道瓊指數重挫近千點後又迅速反彈，正是由演算法錯誤互動所引發的連鎖反應。即使十多年後的今日，此類風險依然潛伏於高度自動化的市場結構之中。

◇ 臺灣市場的應用與風險外溢

臺灣資本市場中，AI 與量化交易的滲透程度也日益加深。多家券商與資產管理機構投入演算法開發，用於臺股期貨、ETF 套利與權證操作等領域。這提升了流動性與交易效率，卻也引發部分中小型個股波動劇烈、成交結構異常的現象。

此外，臺灣尚無針對量化交易訂定明確的監管機制與報備制度，相關風控要求多仰賴自律規範。一旦外資機構大量導入非本地測試過的模型，將可能產生「風險轉嫁」效應，使臺灣成為跨境模型測試場域，潛藏外部性風險。

第六節　AI 與量化策略的新金融傀儡

◇ 科技金融的未來倫理課題

AI 與量化策略的普及，重塑了市場行為，也挑戰了金融監理的基本邏輯。若市場參與者本身不再具備「判斷能力」，而將投資完全交由黑箱模型操作，那麼金融行為的責任邊界將更加模糊。

未來監理機構需建立針對 AI 模型透明度、可解釋性與風險外溢的治理框架，不僅限於風控參數設定，更應包括資料訓練源、模型演化過程與交互性測試機制。唯有如此，才能避免市場被少數機器程式俘虜，並讓科技進步真正服務於金融公平與系統穩定。

第三章　金融資本的黑手：避險基金與超限操作

第七節
套利亞洲：韓國、臺灣、東南亞的故事

◇ 國際套利模式下的區域壓力

在全球資金快速移動與利率政策分歧的時代背景下，亞洲市場逐漸成為國際套利資金的重點戰場。這些操作者利用匯率管制鬆動、資本專案逐步開放的契機，進行高頻跨境套利操作。韓國、臺灣與東南亞多國，在短時間內皆經歷過資金爆量流入，緊接著資金斷流造成金融市場大幅震盪的「進退潮」效應。

這類套利行為本質上是對政策與制度設計的反射行動。當地央行為穩定通膨或維持匯率，設定特定利率或貨幣政策架構，但這些設計在全球金融自由化語境下，反而成為套利對象。利差、稅制、資本帳鬆綁與外資限制，皆可能成為精密資本操作者的獲利槓桿。

◇ 韓國：槓桿與短債的雙重風險

韓國在 1997 年亞洲金融風暴之後對資本市場進行大規模改革，然而也開啟了避險基金與大型外資大量參與的契機。特別是在債市與匯市套利方面，外資藉由短債進出與遠期合約操作，構成潛在的市場主導力。

2020 年疫情後資金寬鬆期，韓國股市吸引大量外資流入，但隨著 2022 年美國升息與韓元貶值壓力升高，大量資金迅速撤離，導致本地市場流動性緊縮與金融機構估值大幅修正。韓國央行因此強化外債監管，並重新評估短期外債與外資持債比重，期望建立更具韌性的金融結構。

◇ 臺灣：科技股與匯率策略的攻防

臺灣市場因其科技股集中與高現金殖利率的結構，長期成為套利資金操作的重要據點。部分國際基金利用新臺幣相對穩定、央行干預明確的特性，進行「匯率中性套利」策略，即同時操作匯市與股市，使整體部位暴露在較低風險中，卻能穩定獲利。

此外，臺灣 ETF 市場流動性增加，也提供避險基金更多「雙向操作」空間。在某些時段，個別科技股的股價波動與外資衍生品部位變化呈現高度連動，顯示資金進出並非隨機，而是具備預設模式與套利結構。這對央行與證交所的監理帶來挑戰，也促使臺灣加強交易透明度與資金流追蹤機制。

◇ 東南亞：制度脆弱與流動性風險

相較韓國與臺灣，部分東南亞國家如印尼、馬來西亞、泰國等在制度成熟度與市場深度方面仍具弱點。這使得國際資本可輕易透過殖利率差與政策預期操作匯率或債市，並在

第三章　金融資本的黑手：避險基金與超限操作

必要時快速撤離。

例如 2022 年印尼央行緊縮政策啟動後，當地債市立即出現外資淨賣超，並帶動印尼盾貶值壓力，對企業與家庭的外債成本產生負面連鎖反應。類似事件亦見於馬來西亞股市與泰國房市，顯示當前制度下，單一政策訊號便可觸發資本巨浪，區域金融穩定性高度依賴資金情緒與外部預期。

◇ 制度韌性的亞洲命題

面對套利資本，亞洲國家的制度韌性成為核心課題。僅有外匯存底與資本項管制已難抵禦高度演化的套利工具與跨境資金操作。未來金融政策必須走向結構化治理：強化資訊揭露、建立即時跨部門監控系統，並設計動態風險管控機制，才能避免再次成為全球資本博弈下的「高槓桿實驗場」。

在國際資本逐利本能不變的前提下，亞洲的課題不是「是否開放」，而是「如何開放」，讓套利成為市場效率的助力，而非不對稱風險的引爆器。

第八節
避險基金與「合法掠奪」的制度邊界

◇ 從套利者到規則操控者

避險基金原是市場中的套利者，其存在有助於價格發現與流動性提供，然而隨著其規模、資源與科技手段的強化，許多避險基金開始超越「觀察者」與「參與者」角色，走向制度操控的邊界。他們善用稅務規避、跨境監管落差、破產法與金融仲裁機制等漏洞，進行結構性套利，使其行為處於「合法」卻高度爭議的地帶。

例如在新興市場主權債務問題中，一些避險基金低價收購面臨違約風險的國債，再透過訴訟與國際仲裁要求原額償付，並扣押該國在海外的國有資產。此類策略雖然在法律上站得住腳，但其掠奪性本質卻引發國際道德與金融倫理的強烈質疑。

◇ 法律仲裁與主權對抗的灰色地帶

主權國家一旦面對避險基金挑戰，其法律地位便陷入尷尬。一方面，根據國際金融契約與債券條款，主權債務具有約束力；另一方面，當償債能力低落時，強制執行恐對國內經濟與社會穩定造成災難性後果。

第三章　金融資本的黑手：避險基金與超限操作

2014 年阿根廷因拒絕向「禿鷹基金」支付全額債務，遭美國法院判決凍結其在海外的外匯存底與國企資產，導致其再次陷入債務違約。這場事件突顯「合法掠奪」並非單一交易策略，而是結合金融技術、法律精算與國際制度資源的立體操作。

◇ 機構性缺口與制度悖論

避險基金之所以能進行合法掠奪，關鍵在於現行國際金融制度缺乏有效的統一監理架構。國際貨幣基金組織無法介入私人債權紛爭，多邊協議亦未能建立明確的債務重組機制，使得部分基金得以選擇性適用有利法律管轄區進行訴訟。

此外，金融市場對債務違約的風險定價往往忽視法律戰與仲裁戰的潛在成本，使得許多國家在面臨資本壓力時缺乏有效的反制工具，只能透過非正式手段安撫市場，讓制度治理陷入兩難。

◇ 臺灣與區域小國的啟示與警惕

雖然臺灣財政穩健、並無主權債務危機風險，但這類避險基金策略對其他中小型經濟體的衝擊，仍有深刻啟示。面對跨國資本與法律資源不對等的現實，臺灣應強化對外資進入條款的審查制度、提升主權財務工具設計的韌性，並積極參與區域性金融協議建構，提升制度防火牆。

第八節　避險基金與「合法掠奪」的制度邊界

區域如東加勒比海小國、南太平洋島國等，在疫後復甦期間遭遇相似問題。多數這些國家仰賴觀光與進口，金融市場不具深度，卻因國際融資安排被迫接受避險基金主導條款，導致經濟復甦進程遭綁架。

◇ 重建金融正義的制度選擇

避險基金的「合法掠奪」問題，最終回歸一項制度選擇：我們要什麼樣的金融市場？當市場只服務於資本的無邊界擴張，而無視公共治理、社會穩定與主權尊嚴，金融便不再是工具，而成為宰制體系的一部分。

未來若欲避免類似事件擴大，應由多邊組織推動國際債務仲裁制度改革，建立標準化重組框架，賦予主權國更多談判空間。同時提升市場透明度與資訊對稱性，讓資本行為能被更具正義性的制度規範牽制，才可能真正達成金融治理的公共性目標。

第三章　金融資本的黑手：避險基金與超限操作

第四章
金融市場的心理遊戲：
多巴胺與認知偏差

第四章　金融市場的心理遊戲：多巴胺與認知偏差

第一節　市場是理性還是集體神經質？

◇ 古典理論與現實行為的落差

傳統經濟學假設市場參與者是理性人，會基於完整資訊與一致偏好做出最有利的選擇。然而實際觀察金融市場，卻經常發現瘋狂的價格飆漲與崩跌、投資者在恐懼與貪婪間搖擺、資產價格嚴重脫離基本面。這些現象反映了「理性市場」理論難以解釋人類心理在市場中的真實作用。

這種集體情緒的放大並非偶然。行為金融學指出，人類決策充滿偏誤與感性，市場並非由冷靜計算主導，而是由多數人對未來的情緒想像所塑造。當想像趨於一致時，便構成「市場情緒共振」，造成資產泡沫與危機輪迴。

◇ 情緒擴散的機制：群體心理與鏡像行為

心理學家古斯塔夫·勒龐在其群眾行為理論中提到，個體一旦進入群體，理性將被情緒主導，思考將服從集體潛意識。這一點在股市中尤為明顯，尤其在重大消息發布或市場轉折點時，投資者常因他人反應而非自身分析做出決策。

這種行為導致市場出現羊群效應，交易者彼此模仿而非獨立判斷。演算法交易與社群平臺的普及，更加速了情緒傳

播的速度，使得短期波動被無限放大，進而自我實現預言式地推高或拉低價格。

◇ 多巴胺與風險判斷的神經科學解釋

現代神經科學研究揭示，當人們預期獲得獎勵（如投資成功）時，大腦會釋放多巴胺，產生愉悅與興奮感。這種神經回饋機制會強化投資行為，使人過度自信並高估自身判斷準確性。

相反地，損失則會激發杏仁核反應，觸發焦慮與恐懼，造成「賣在低點、買在高點」的反射性錯誤。市場因此成為一個多巴胺與焦慮交錯運作的神經場域，理性不再是主導，而是被化學反應驅動的副產品。

◇ 臺灣市場的情緒輪廓與教訓

臺灣股市的高參與度與活躍社群，使情緒循環尤為明顯。每逢重大事件，如美股崩盤、地緣政治危機或科技股業績利多，皆可見到大量散戶湧入或逃出，成交量劇烈變化。

這些行為不僅反映對資訊的誤解，更揭示社會心理結構——年輕族群渴望翻身、中壯年尋求補足退休缺口、長者希望穩定收益。不同世代與社會角色，對市場風險的感知與接受程度不同，使得市場情緒具有多層次、多節奏的特徵。

第四章　金融市場的心理遊戲：多巴胺與認知偏差

◇ 重建理性需要制度與教育介入

市場要回歸理性，僅靠個體意志是不夠的。必須透過制度設計降低情緒干擾，例如限制高頻交易、增強揭露機制、強化金融教育等。同時也應導入心理學工具，如風險承擔評估與決策壓力指數，協助投資者更認識自己的情緒傾向。

金融市場既是經濟體系的核心，也是社會情緒的映照。理解其心理結構，不只是為了避免泡沫與崩盤，更是為了建立更具韌性與人性化的市場秩序。

第二節
貪婪與恐懼：行為金融學的崛起

◇ 理性假說的挑戰起點

行為金融學的出現，打破了傳統經濟學對理性市場的信仰。它指出，投資者並非總是基於最適選擇行動，而是經常受到心理偏誤、社會暗示與情緒干擾的影響。這門跨領域學科結合心理學與經濟學，強調市場現象中存在大量非理性決策模式，特別是受到貪婪與恐懼驅動的交易行為。

這些情緒驅力無所不在。在多頭市場中，貪婪讓投資者無視基本面追高，在空頭市場中，恐懼驅使人們割肉出場。這種情緒循環反映出市場價格常常不是反映資產真實價值，而是反映大多數人如何想像它未來的樣貌。

◇ 貪婪的正當性與陷阱

在金融市場中，貪婪經常被包裝成「追求報酬」、「積極進取」或「尋求成長」，彷彿是成功投資的必備條件。事實上，合理風險承擔確實是投資報酬的重要來源，但問題在於貪婪常以「過度自信」和「追高情緒」的形式表現。

研究顯示，人們在獲利後容易產生「控制錯覺」，以為市場是自己可以駕馭的遊戲，進而加大部位、提高槓桿。當市

第四章　金融市場的心理遊戲：多巴胺與認知偏差

場反轉，這種過度擴張便迅速轉為虧損的放大器。2000 年網路泡沫與 2008 年金融危機，皆是貪婪驅動投資人失去風險警覺的縮影。

◇ 恐懼的自我實現與危害

恐懼則是另一種力量，其造成的損失往往與實際風險無關，而與投資人心理預期有關。當市場出現不確定因素，如戰爭、升息、通膨、傳染病等，恐懼會使人提前拋售資產，即便基本面未變。

這種行為不僅影響個人資產，也會在市場上擴散形成「恐慌拋售潮」。當多數人都在賣時，價格就會跌，即使無實質理由。這種行為模式在 2020 年 COVID-19 爆發初期尤為明顯，全球市場暴跌後才迅速反彈，證明恐懼不見得源於理性分析，而可能只是情緒感染。

◇ 臺灣經驗：全民炒股的兩面刃

臺灣的高股市參與率讓貪婪與恐懼的效果更為集中。每當某檔熱門股票大漲，社群媒體與新聞頻道便迅速跟進報導，強化群眾預期；而一旦股價回檔，又出現集體逃命潮。例如某些知名半導體與電動車概念股的波動歷程，就是一再重演的行為金融實驗場。

此外,臺灣投資人喜好短線操作與高槓桿工具,如權證與期貨,這放大了情緒驅動下的損益擺盪,也讓不少散戶在追高殺低中虧損累累。這並非知識不足,而是行為模式受到潛意識主導。

◇ 教育與制度如何引導情緒理性化

行為金融學的發展目的並非抹煞市場機能,而是提醒我們:了解人性是投資成功的第一步。透過金融教育強調風險管理、期望值思維與心理陷阱辨識,有助於個人建立長期穩定的投資策略。

制度面也可設計出情緒緩衝機制,如暫停交易制度、每日漲跌幅限制、資訊揭露透明化,皆能降低群體情緒瞬間失控的風險。市場不可能完全理性,但透過設計可讓非理性不至於導致全面崩潰。

在貪婪與恐懼之間尋找平衡,正是行為金融學對當代市場最重要的提醒。

■ 第四章　金融市場的心理遊戲：多巴胺與認知偏差

第三節　資訊過載下的「投資焦慮症」

◇ 太多資訊是否更安全？

在數位時代，投資人面對的最大挑戰不再是「資訊缺乏」，而是「資訊過剩」。每天無數分析報告、即時新聞、社群討論、YouTube 頻道、KOL 直播與 AI 生成的交易建議湧入眼前，看似知識民主化，實則造成決策麻痺。這種現象被心理學家稱為「選擇悖論」：資訊越多，焦慮越高。

對許多投資人來說，「該信誰？」成為一種日常痛苦。今天看到升息利空，明天又看到美股反彈；一邊是券商分析師看好，另一邊是知名財經網紅唱衰。這樣的認知拉扯不僅讓投資人無法建立穩定信念，還導致操作搖擺不定，進而陷入虧損循環與焦慮強化的惡性循環。

◇ 焦慮的腦科學與行為影響

腦神經研究顯示，當人長時間處於資訊過載環境，大腦前額葉的決策功能會受到干擾，導致注意力分散、風險判斷失誤與情緒波動。這正是「資訊焦慮」的生理根源。加上金融市場高度波動，每一個利空消息都可能被大腦過度放大，引發過度反應與衝動交易。

許多散戶明知「長期投資才有報酬」，卻無法抗拒手機

第三節　資訊過載下的「投資焦慮症」

App 跳出的紅字通知、直播主的恐慌標題，甚至因為錯失恐懼症而恐懼錯過機會（Fear of Missing Out, FOMO），反而在高點追價。這些反應不是理性分析的結果，而是情緒在壓力下尋找短期逃避方案的反射性行為。

◇ 社群媒體與訊息焦土戰

在投資資訊爆炸的世界，社群媒體成為焦慮的放大器。一則未經證實的財報傳聞、一段「內線消息」的截圖、甚至一張 K 線圖配上「今晚決戰」的文字，都能引發一連串的投資連鎖反應。

在這樣的資訊戰中，不少投資人逐漸養成「無法不看盤」、「每五分鐘更新一次 App」、「看到討論就覺得該做點什麼」的焦慮習慣。這不是資訊幫助決策，而是資訊消耗意志。當投資變成資訊追逐遊戲，原本的目標——資產增值與風險控制——便逐漸被感官刺激取代。

◇ 臺灣投資人如何面對焦慮壓力

臺灣市場的投資人平均年齡不斷下降，年輕世代熟悉數位工具與社群平臺，更容易暴露於「資訊焦慮」的環境中。尤其是在近年 ETF、加密貨幣、AI 概念股等主題快速輪動的背景下，許多人追求即時勝負，卻缺乏長期持有的心理耐力。

■ 第四章　金融市場的心理遊戲：多巴胺與認知偏差

例如：在 2023 年某 AI 股短短兩週內上漲超過 80% 後，有不少散戶透過網紅推薦進場，結果三天內急跌回吐漲幅，引發社群憤怒與沮喪情緒。這樣的情緒翻轉不僅來自價格變化，更源於資訊落差與期待落空的心理創傷。

◇ 走出焦慮的制度與心理建議

要對抗資訊焦慮，首要之務是「重建選擇的主動性」。投資人應學習設定固定資訊接收窗口，減少碎片化閱讀，建立自己的投資邏輯與紀律。同時應理解：不是每一筆資訊都值得反應，不是每一次波動都需要行動。

制度面則可透過推廣簡明且可比較的投資指標，降低散戶對無標準數據的依賴。例如提升 ETF 揭露透明度、加強 KOL 金融知識認證、推動證券平臺的資訊中介責任，皆可緩和焦慮氾濫的市場氣氛。

在資訊的浪潮中保持清醒，是新世代投資人的必要修煉。理解焦慮，管理焦慮，才能讓投資重新成為實現人生目標的工具，而非困住情緒的枷鎖。

第四節
認知偏誤：沉沒成本、錨定與錯誤類比

◇ 認知偏誤是如何影響我們的判斷？

在金融市場中，理性思考常常並非主導力量。許多投資決策，實際上是被潛意識中的認知偏誤所驅動。這些偏誤是人類在演化過程中為求快速判斷與生存所發展出的捷徑，但在複雜且動態的金融市場裡，這些捷徑往往導致錯誤判斷與不當操作。

其中最常見的偏誤類型包括：沉沒成本謬誤（對已投入資源過度依戀）、錨定效應（對第一個訊息過度依賴）、錯誤類比（將不相干的經驗套用到當前市場情境）。這些心理傾向無處不在，影響著投資的進場與出場時機、部位配置與風險評估。

◇ 沉沒成本：我們總想贏回一切

沉沒成本謬誤是許多散戶「不願停損」的心理根源。當一檔股票買進後下跌，投資人常因「已經虧了十萬，不賣就還沒輸」而繼續抱持，甚至加碼攤平，期待反彈。這種行為忽略了機會成本與未來期望值，只是因為難以承認過去的錯誤。

心理學研究指出，沉沒成本不僅讓人做出不理性的延遲決策，也會加劇情緒波動，進一步強化對市場的仇恨與焦

第四章　金融市場的心理遊戲：多巴胺與認知偏差

慮。對投資者而言，學會「理性止損」並非只是技術操作，更是一種與自己心理和解的過程。

◇ 錨定效應：是誰告訴你這個價格的？

錨定效應常出現在市場預測與價格期望之中。舉例來說，若一檔股票曾漲到 200 元，即使現價為 120 元，投資人仍會將 200 元視為「合理價」，並以此作為回升預期的基礎。然而，過去的價格並不保證未來的價值，這樣的錨定只會讓人忽略現實條件。

更微妙的是，媒體或財經平臺提出的「目標價」、「合理估值」、「技術壓力點」，也可能在人腦中無形形成錨點，使得投資人不自覺地依據他人設定而調整判斷。這種對外部資訊的過度信任，是資訊時代下的另類從眾心理。

◇ 錯誤類比：市場不是你的人生經驗

錯誤類比是將生活經驗過度套用到投資判斷中的常見心理錯誤。例如：有些人認為「股價會像橡皮筋一樣拉久就會彈」、「跌多了總會漲回來」，這些信念來自日常經驗的直覺推論，卻忽略金融市場本質是非線性、非均衡與充滿突變的系統。

同樣地，部分投資人常用過去某檔股票的走勢來推估另一檔股票的未來表現，卻未分析兩者產業結構、基本面與外

第四節　認知偏誤：沉沒成本、錨定與錯誤類比

部條件是否相同。這種將無關事物強行比較的思考方式，讓投資決策變成心理安慰劑而非風險管理工具。

◇ 從認知偏誤中覺醒：制度與教育的角色

要避免認知偏誤，並非要求人類成為理性機器，而是培養自覺能力與環境輔助。在制度面上，可透過設計「投資決策提醒」功能，讓平臺於異常行為時給予風險提示，幫助用戶重新審視邏輯基礎。

教育上，則應讓投資人熟悉各種認知偏誤的運作方式，並透過案例學習與模擬訓練強化自我覺察。例如：在投資理財課程中加入行為心理模組，讓學習者能在非真實風險中察覺自己決策的盲點。

認知偏誤無法完全根除，但可被管理。唯有透過制度設計與心理訓練雙軌並進，市場參與者才能在動盪與誘惑中維持一絲清醒，避免成為自己偏誤的受害者。

第四章　金融市場的心理遊戲：多巴胺與認知偏差

第五節　社群平臺如何扭曲投資判斷

◇ 資訊去中心化下的信任重組

社群平臺的興起，打破了傳統金融媒體對資訊流通的壟斷。投資人不再僅依賴報章雜誌或分析師報告，而是更頻繁地從 PTT、Dcard、Facebook 社團、YouTube 直播或 X（前推特）獲取投資資訊。這看似提升了資訊多元性與參與門檻的平等，實則重塑了信任結構──人們不再信專業，而是信「流量」與「共鳴」。

這種信任轉移讓社群 KOL、匿名帳號與自封專家迅速成為新時代的投資領航者。然而，這些資訊來源缺乏查證機制、責任邊界不明，極易造成投資判斷的偏差與盲從，進一步放大群體錯誤與價格泡沫。

◇ 演算法與注意力爭奪戰

社群平臺本質上是注意力的生意。它們透過演算法放大能引發點擊、情緒、轉發的內容，並非傳遞最準確的資訊。因此，「五倍飆股」、「這檔會讓你財富自由」、「明天就會漲停」等標題總是搶眼，卻多半缺乏理性分析。

這種設計邏輯使投資資訊變成「表演型知識」，用來激發情緒，而非協助思考。投資人若無自覺，就會在這些內容中

逐漸失去判斷能力，將娛樂內容誤認為策略建議，形成認知與行動之間的落差。

◇ 群體認同與「反思幻覺」

在社群平臺上，投資決策也逐漸社會化。用戶為了尋求歸屬感與心理認同，會傾向認同群體主流觀點，這導致集體投資偏誤——即便內心存疑，也會因為「大家都在買」或「不能錯過這波」而跟進。

這類心理現象稱為「反思幻覺」，即錯將「有思考過的群體決定」當作正確判斷，實際上只是情緒共鳴的結果。這種現象在短時間可放大行情，但一旦風向逆轉，社群情緒也會瞬間瓦解，造成斷頭式崩跌。

◇ 臺灣案例與教訓

臺灣市場在 2021 年以來的社群熱潮中出現多起因網紅或社團操作而引發的「集體進場潮」，從面板股、航運股到元宇宙概念股，無一倖免。許多投資人是在 YouTube 直播、Telegram 群組、社群貼文激勵下進場，卻在高檔爆量時追高，之後面臨重挫。

這些事件突顯一點：當投資依附於人氣與聲量，而非基本面與風險衡量，價格走勢將不再是市場供需的結果，而是

社群心理的反射。這種現象已非單一個案,而是結構性轉變,值得制度層面與投資教育正視。

◇ 建構理性社群生態的未來任務

要避免社群平臺扭曲投資判斷,須從資訊環境與教育兩面著手。第一,平臺方應建立金融內容認證制度,對涉及投資推薦的貼文設立標籤與查證機制。第二,投資人教育應加入媒體素養訓練,學習辨識誤導性言論與情緒煽動技巧。

此外,政府與業界可合作建立「理性投資社群」平臺,提供經過專業審查的投資討論空間,降低假訊息與投機情緒的滲透。唯有透過社群機制的重構,才能讓社群成為協助判斷的助力,而非市場失序的源頭。

第六節
理財 KOL 與「表演性知識」的興起

◇ 專業退位與人氣崛起的金融新常態

隨著社群平臺逐漸成為主要投資資訊來源，一批以理財為主題的 KOL 迅速崛起。他們不一定具備傳統金融背景或專業認證，卻能透過簡潔口語、誇張表演、生活化敘事與平臺演算法的加持，快速建立粉絲信任。這種現象顛覆了過往「分析師、研究員、證券顧問」主導話語權的市場結構。

理財 KOL 的出現，映射出一種金融專業知識的娛樂化轉型。觀眾所尋求的不再是嚴謹報告與風險評估，而是「可理解的故事」與「讓人想行動的說法」。在這樣的轉變中，專業退位，人氣成為新權威。

◇ 表演性知識的生產邏輯

理財 KOL 普遍使用視覺衝擊、語速節奏、戲劇起承轉合來包裝金融內容。例如：一則影片開場直呼「這一檔你現在不買一定會後悔」，中段鋪陳市場背景與個股題材，最後用 K 線圖佐證並預告「下週會噴」。這些內容雖有資料來源，卻常常忽略風險提示、估值基準與宏觀連動。

這種「表演性知識」並非純粹為騙人，而是為了吸引注意

第四章　金融市場的心理遊戲：多巴胺與認知偏差

與傳播力，將複雜資訊簡化、戲劇化與情緒化。其效果是觀眾產生「我也能懂」、「我也能投」的錯覺，進而強化行為偏誤，尤其是在群體熱潮中放大從眾行為。

◇ 商業模式與利益衝突的模糊地帶

多數理財 KOL 並非純粹以知識傳播為目的，其背後的商業模式多包含聯盟行銷、商品置入、課程販售、訂閱社群與個人顧問等多元獲利管道。這讓他們的資訊提供與內容推薦充滿潛在利益衝突，卻因法律監管尚未明確界定，處於灰色地帶。

以聯盟券商開戶為例，KOL 推薦某平臺時或許並未明言自己將因此獲得佣金比例，觀眾卻因信任而選擇開戶與操作，造成資訊不對等的倫理問題。這類非對稱結構逐漸被視為現代金融教育的新風險來源。

◇ 臺灣社群的信任與失衡實例

臺灣市場中，曾出現多起理財 KOL 因推薦高風險商品（如槓桿 ETF、未公開資訊個股、虛擬幣）而導致粉絲集體虧損的案例，事後 KOL 多以「僅供參考」卸責，觀眾則難以追究實質責任。這顯示當人氣大過專業時，市場風險與制度責任將出現斷裂。

第六節　理財 KOL 與「表演性知識」的興起

另一方面，也有少數理財 KOL 致力於推廣風險意識與基本面教育，但其傳播力與平臺演算法相較之下不具優勢，導致「高點擊＝高可信度」的錯誤印象更加根深蒂固。

◇ 建構透明與責任的 KOL 生態

要讓理財 KOL 成為正向力量，關鍵在於建構清晰的規範與誠信架構。建議包括：建立金融內容分類標章（如「推薦」、「教學」、「廣告」）、要求揭露潛在利益關係、推動 KOL 財務知識認證制度，並由平臺協助標示其風險屬性。

同時，投資教育也應更新內容，讓新一代投資者理解社群平臺背後的資訊動力學，不再將人氣等同於準確，不再迷信話術而忽視邏輯，逐步建立對金融資訊的反思能力與判斷自主權。

在這個知識娛樂化的時代，唯有重塑責任與信任的界線，理財 KOL 才可能真正成為市場穩定的參與者，而非情緒操作的催化劑。

第四章　金融市場的心理遊戲：多巴胺與認知偏差

第七節
散戶如何誤以為自己在參與民主？

◇ 金融市場中的民主幻覺

在現代投資語境中,「人人皆可投資」被視為金融民主化的象徵。然而,這樣的觀念也暗藏陷阱:散戶容易誤以為,只要能開戶、下單、參與社群討論,就等同於參與了市場的決策權與分配權。但實際上,市場的運作並非基於「一人一票」,而是「一資本一權力」。

這種認知偏誤讓散戶誤以為交易就是參與公共事務,將買進賣出當作發聲的方式,卻忽略了其中權力分配本質上的不對等。在金融市場中,資本愈大、影響力愈高,不對等的結構讓散戶實際上只能在有限條件內行動,而非真正影響規則與價格。

◇ 散戶行動的群體幻象

當散戶參與集體行動時,往往會出現「參與即正義」的感覺,尤其是在社群平臺號召下共買某檔股票、力抗空頭機構或推升冷門標的時。這些行動在情緒上具有強烈的群體動能與身分認同,令人誤以為正在對抗金融菁英、翻轉市場權力。

第七節　散戶如何誤以為自己在參與民主？

但這種行動往往是被動跟風而非主動組織，其方向與策略通常由少數人決定，散戶只是跟隨者。在資訊不對等、資本能力懸殊下，這種「群體參與」更像是一場表面平等的遊戲，實際權力仍集中於大戶與演算法後的黑盒子中。

◇ 投資平臺的制度設計偏誤

許多投資平臺與交易 App 以「簡單上手」、「全民參與」為賣點，強調操作便利與零門檻參與，讓用戶誤以為自己與大戶處於平等競爭起跑點。但這些設計往往隱藏了資訊延遲、交易滑價（Slippage）、資金流追蹤等落差，使散戶操作永遠慢半拍。

更甚者，一些平臺甚至將使用者行為當作數據商品出售給大型機構，讓後者能提前預測市場動向。如此一來，所謂的「全民參與」便成為「全民供給」，散戶的操作淪為大型資本策略的養分，形成非對稱剝削結構。

◇ 臺灣市場的行動型散戶現象

臺灣投資環境中亦出現「金融參與民主化」的迷思。許多年輕人透過 IG、YouTube 與 Dcard 學習投資，進場後即積極參與社群討論、分享 K 線走勢與交易心得，逐漸形成一種「集體參政」氛圍。然而，這樣的行動多為短期情緒驅動，缺乏持久策略與制度反思。

第四章　金融市場的心理遊戲：多巴胺與認知偏差

例如在特定題材股如航運、AI 或元宇宙概念股暴漲時，社群會出現大量散戶湧入「挺價運動」，但當價格反轉，這些力量往往瓦解無形，甚至出現互相責怪與情緒崩潰，顯示這些行動缺乏制度槓桿與資源支持，難以持續對抗專業資本力量。

◇ 真正參與需要制度參與權

若要讓金融市場真正朝向民主化，不能僅靠散戶交易行為的增加，更須從制度層面重構參與權。這包括：讓中小投資人能參與股東會議、加強資訊揭露透明度、強化小股東保護條款，並建立能制衡大型資本與平臺壟斷的監理架構。

此外，金融教育不應只是教人如何交易，更應引導投資者理解自身在市場中的權力結構與制度位置。唯有從參與幻覺中覺醒，認清市場權力不對稱的現實，才能推動真正意義上的「金融民主」，讓散戶不再只是操作工具，而能成為具備制度影響力的市場公民。

第八節　AI 生成資訊如何摧毀人類判斷

◇ 機器知識的爆炸與真相的稀釋

在人工智慧逐漸參與金融市場的年代，大量投資建議與市場評論已不再來自人類分析師，而是由機器學習模型自動生成。這些資訊來源形式多樣，涵蓋金融新聞、財報摘要、投資意見與價格預測等，看似提高效率，實則開始稀釋資訊的真實性與判斷力。

這類 AI 生成內容往往仰賴大量歷史數據與統計規則，卻缺乏對當前市場情境與突發性風險的理解能力。當投資人越來越依賴這些機器意見，就容易陷入一種「判斷外包」的懶惰模式，把風險責任讓渡給無法負責的演算法，弱化了思辨能力與策略調整的自主性。

◇ 演算法強化偏誤與同溫層回音

AI 模型本質上是模式辨識工具，當其學習資料來自特定偏好或過去成功模式時，輸出的內容會強化原有偏誤。例如：如果某模型習慣推薦高成長科技股，它就會不斷產出相似建議，即使宏觀環境已發生變化。

這造成資訊的單向循環——投資人只看到與自身喜好一致的建議，進一步陷入同溫層資訊場域。這種現象被心理學

第四章　金融市場的心理遊戲：多巴胺與認知偏差

稱為「確認偏誤」，即人們傾向相信與自身預期一致的訊息，進而忽視市場真正的不確定性與反向訊號。

◇ 臺灣市場的 AI 化趨勢與陷阱

臺灣證券市場已開始引入 AI 分析輔助工具，包括量化選股平臺、機器人理財顧問（robo-advisors）、AI 財經新聞摘要與語音解盤助手等。這些工具雖降低門檻，但也放大了「假知識」的影響力，尤其在散戶尚未建立基本判讀能力時，更容易受誤導。

例如：2023 年某大型投資 App 引入 AI 投資評分系統，原意為協助用戶快速理解個股風險，但因其演算法未納入國際政治風險，反而高估某些與中國關係密切企業的安全性，導致部分用戶錯誤押注而損失慘重。這顯示 AI 雖然擁有技術美感，但其背後的模型邏輯仍需要人工監督與制度審查。

◇ 判斷的外包與責任真空

AI 生成的投資建議給了人們一種「可依賴」的錯覺，彷彿程式比人更理性，卻忽略這些建議實則缺乏責任歸屬。當模型出錯，平臺通常標示「僅供參考」，投資損失由使用者自負，這種責任真空讓散戶處於無助與焦慮之中。

這也使市場逐漸產生一種結構性問題：人類的金融判斷

力被技術侵蝕,卻無相對應的制度補償或認知教育,使得風險越來越集中於那些無法辨識風險的投資者身上。

◇ 重建判斷力的制度與文化工程

要對抗 AI 資訊的侵蝕效應,必須重新建立投資人對於判斷力的尊重與鍛鍊。制度上應要求所有 AI 生成投資資訊需揭露演算法來源、數據範圍與已知偏誤;同時鼓勵平臺納入人機協作機制,由人工專業進行風險調整與內容審核。

文化上則須重新強調「投資不是照單全收」,而是一種需要思考與辯證的過程。透過教育提升批判性閱讀與風險辨識能力,才能讓投資人不再仰賴機器,也不再在「方便與理性」之間迷失。

AI 可成為投資助手,但永遠不該成為投資判斷的主體。唯有重建判斷文化,才能在資訊與技術氾濫的時代,守住市場參與的思辨尊嚴。

第四章　金融市場的心理遊戲：多巴胺與認知偏差

第五章
影子銀行與金融創新的詛咒

第五章　影子銀行與金融創新的詛咒

第一節
金融創新與 2008 危機的結構性成因

◇ 創新之名，風險之實

金融創新常被視為提升效率、擴大資本市場參與的象徵，從信用卡、衍生性金融商品到 ETF，每一次技術突破都伴隨著資本運作的便利與快速。然而，2008 年金融危機的爆發，正是金融創新長期未被監管、結構複雜化與風險外移所累積出的結果。

以次級房貸為核心的資產證券化工具如 CDO（擔保債務憑證）、MBS（不動產抵押擔保證券）等，雖然最初設計用於分散風險，實際上卻透過「風險再包裝」與「分層信用評等」技術，將高風險商品掩飾為高收益且安全的資產，使投資機構與個人無從辨識潛藏危機，直到連鎖崩潰的發生。

◇ 監理機制的失靈與制度盲點

金融創新之所以釀成災難，除了市場參與者對風險的誤判，更關鍵的是監理體系的滯後與適應失敗。許多新型金融商品因未明確列入既有法規架構中，而落入「監管空窗」。美國的投資銀行在 2000 年代即大量轉向場外交易（OTC）市場，避開監理與風險準備金要求，讓槓桿倍數急速上升。

第一節　金融創新與 2008 危機的結構性成因

同時，信用評等機構的角色也受到質疑。它們對創新商品給予過高評等，實為一種制度上的「共犯結構」。這種由金融機構、評等公司與監管當局三方交織出的盲點，使風險在制度內部累積，最終導致全球性危機爆發。

◇ 臺灣市場的「創新」啟示錄

儘管臺灣當年受 2008 危機波及相對有限，但仍出現類似現象，如連動債與結構型商品的風潮席捲，許多投資人因不了解商品風險而誤判進場，造成財務損失與社會爭議。這顯示即便在相對穩健的市場中，金融創新若未伴隨教育與揭露機制，也可能成為風險擴散的管道。

2023 年，臺灣再度出現「創新名義」包裝的高風險理財商品，包括結合加密貨幣或 ESG 題材的商品，吸引大量年輕投資人進場，但相關監理與商品透明度卻明顯不足，讓金融創新再次成為監管焦點。

◇ 真正創新的底線應是穩定

真正的金融創新應以「提升市場透明度、分散風險、改善資源分配效率」為核心，而非僅為提高槓桿、擴大利潤或逃避監理。當創新失去公共性，只剩利潤驅動，其終將導向泡沫化、操控與崩壞。

第五章　影子銀行與金融創新的詛咒

　　為避免歷史重演，未來金融創新應建立在以下原則上：一、資訊必須對稱，讓市場參與者具備完整知情能力；二、制度必須同步調整，避免創新走在監管之前；三、教育必須深化，幫助投資人理解創新商品背後的風險本質。

　　金融創新本非原罪，問題在於它被誰主導、為了什麼目的而設計，以及制度是否能及時辨識其潛在傷害。

第二節　資產證券化的魔法與崩潰

◇ 把風險變現的「奇蹟」技術

資產證券化（Securitization）原是一項能將非流動性資產轉換為可交易證券的創新金融工具。銀行可將房貸、車貸、學貸甚至是未來應收帳款，打包成為 MBS（抵押擔保證券）、ABS（資產擔保證券）等商品出售予投資人，快速回收資金並分散風險，理論上是一種雙贏設計。

然而，這項技術也成為 2008 年全球金融危機的爆炸核心。原因在於這些證券化商品將風險進行「稀釋」與「重組」後，表面上呈現穩定結構，實際上卻深藏大量劣質資產與信用泡沫。當信貸環境逆轉、違約率上升時，整個證券化結構瞬間崩解，如同將火藥藏進漂亮包裝紙中的禮盒。

◇ 從風險分散到風險集中

資產證券化原意是降低單一債務違約風險，透過廣泛打包來平均信用。然而，隨著市場過熱，信貸標的品質急速下滑，導致產品內容參差不齊，評等機構又將整體商品給予高分級，使高風險資產披上安全外衣。

這種現象導致許多投資銀行、保險公司與退休基金大量購入這類「三A級」的資產證券，忽略其底層構造的不穩定。

第五章　影子銀行與金融創新的詛咒

一旦某些產品違約率升高，整體市場信心崩潰，導致所有相關商品價格暴跌，形同「風險分散」轉變為「風險集中」的系統性失控。

◇ 衍生品放大崩潰速度

資產證券化的衍生商品如 CDO（擔保債務憑證）與 CDS（信用違約交換）更進一步將原本風險結構推向複雜極限。投資人可以投資於 CDO 的不同信貸分檔（tranche），表面上享有選擇權與收益分配機制，實則高度依賴模型假設與假設違約機率的正確性。

當違約實際發生，CDO 的高風險層首先潰敗，接著連帶拖垮整個結構。而 CDS 的使用使得更多非擁有資產者也能「下注」，形成投機性賭場效應。2008 年爆發的 AIG 保險集團危機，即是因承擔過多 CDS 合約，當市場同步崩潰時無法履約，造成連鎖式保險崩壞與政府緊急接管。

◇ 臺灣市場的證券化腳步與風險管理

在臺灣，資產證券化雖未如美國規模龐大，但自 2002 年《金融資產證券化條例》通過後，證券化商品亦逐漸浮現，包括商辦租金收入、票券資產、車貸與學貸等標的。這些商品理論上有助於資金活化與風險管理，但過去幾年曾出現評價低估、資訊揭露不足與流動性風險過高等問題。

尤其當部分基金將證券化商品納入一般投資組合，而未對投資人充分揭露底層資產品質與到期風險時，便形成隱性金融風險。2022 年某保險業者的投資商品爆出底層資產連續違約，導致淨值重挫、提早清算，引發市場對「商品包裝後透明度消失」的憂慮。

◇ 金融科技時代的證券化變形

進入金融科技主導的時代，證券化技術被延伸應用於更多領域，例如區塊鏈化資產證券、NFT 擔保貸款與再包裝型 ETF 等。這些新形態雖表面創新，但本質仍繼承資產證券化的邏輯——將難以流通的資產轉為可售商品。

然而，在監管尚未清晰與投資者教育未普及情況下，這類新工具更可能重演過去的問題。例如：某些 NFT 抵押貸平臺宣稱透過演算法保值與市場自動調節可避免崩潰，實則一旦市場信心崩解，清算機制形同虛設。

◇ 再思「魔法」的代價

資產證券化從提升流動性的創新，演變為隱藏風險的迷霧，揭示一個殘酷現實：金融魔法從來不是無成本的。當「包裝」成為遮掩真相的工具，當「創新」變成規避責任的藉口，金融體系便可能從服務經濟，轉向宰制經濟。

第五章　影子銀行與金融創新的詛咒

　　未來資產證券化的存續與轉型,必須回到三個根本問題:第一,底層資產是否具備真實價值?第二,投資人是否理解商品結構與風險分層?第三,監管機關是否能及時察覺系統性錯配?

　　答案若是否定的,任何再多的包裝設計,最終仍將走向崩潰的宿命。

第三節　模組化金融與黑箱風險

◇ 模組化結構的崛起

在金融工程快速演進的過程中,「模組化金融」(Modular Finance)成為新時代的關鍵結構。這種模式將金融產品與流程拆解為可組合的模組單元,再透過程式設計或平臺機制加以重構,實現產品創新與效率提升。這一邏輯在資產管理、衍生品交易、DeFi(去中心化金融)與智能合約平臺上廣泛應用,從外觀看來極具彈性與技術美感。

然而,正如積木若堆得太高將失去穩固結構,模組化金融也潛藏重大風險。模組之間高度依賴彼此運作,任何一個環節錯誤,都可能引發連鎖反應。由於這些模組多為自動化執行,出錯往往不是單一事件,而是成排倒塌的骨牌效應。

◇ 黑箱化與資訊不透明

模組化的金融系統雖提高了功能彈性,但也加劇了系統的「黑箱化」。投資人往往只看見產品的介面或收益率,卻難以追蹤其底層結構與風險來源。許多金融創新商品如複合型ETF、再證券化結構(如CDO-squared)、智能投資組合等,都是透過內部鏈接多個模組,完成「收益優化」與「風險再分布」的工程。

第五章　影子銀行與金融創新的詛咒

一旦這些模組的參數設計、資料基礎或市場假設出現偏差，整體結構就會在短時間內失效。更重要的是，多數模組間並無清楚標準或監理規範，這意味著系統參與者可能彼此誤信他人已處理好風險，形成系統性信任錯誤。

◇ 全球案例與連鎖後果

2022 年，DeFi 領域出現數起因積木式模組錯配而導致的閃電崩盤事件。例如 Terra 生態系中的 Anchor Protocol，將穩定幣 UST 存款與固定收益模組連結，創造出 20%的「穩定年化收益」幻象。當 UST 與美元脫鉤後，整個模組體系因信心崩解而連鎖瓦解，數十億美元資金蒸發。

同樣的模式在傳統金融市場也不陌生。2008 年金融危機前的 CDO 與 SIV（結構性投資工具），便是典型的模組化設計。當底層資產違約率攀升，模組連鎖爆破，各層級資本迅速喪失價值，信用機構、保險業者與投資基金遭遇災難性損失。

◇ 臺灣金融商品的模組風險

臺灣近年推出多款「彈性組合式」理財商品與「智能配置」型基金，雖標榜投資效率與風險平衡，但底層結構複雜性高、資訊揭露不全，已出現消費爭議與損失糾紛。部分保

第三節　模組化金融與黑箱風險

險公司推出的多層槓桿保單，其實也含有多重模組轉接風險，當中一環失控即可導致整體收益跳水。

此外，越來越多平臺使用 AI 與量化模型將「模組」自動化，消費者僅看到推薦投組或預期報酬，卻無從檢視模型來源、參數設定與市場假設。這讓金融商品本質上變成「黑盒子」，使用者需承擔模型風險，卻無反制機制。

◇ 重建透明與斷點設計

對模組化金融的黑箱風險，必須從制度透明與風險節點管理著手。首先，各模組應標準化設計語言，明確揭露其連動關係與容錯範圍。其次，金融商品需具備「斷點設計」，即當某模組異常時，自動啟動停止機制或替代邏輯，避免整體結構連環失效。

監管單位也應進一步要求金融機構在商品說明書中揭示模組配置圖與風險流向說明，同時強化銷售人員與理財專員的專業訓練，避免將黑箱商品過度推廣給資訊落差大的消費者。金融科技創新不該以不透明為代價，任何新工具的價值，都應建立在理解與監督的基礎上。

積木可以創造城堡，也可以堆出幻象。在這個模組疊疊樂的時代，投資人與制度設計者更需小心確認：我們堆的，是穩固的架構，還是虛空的高塔。

第四節
穩定幣的崩塌：FTX 與 Terra 的案例

◇ 穩定幣的誕生與信任的假設

穩定幣原本是為了解決加密貨幣波動劇烈問題而誕生的創新工具，設計理念是將虛擬貨幣價格與穩定資產（如美元、黃金或法定貨幣儲備）連結，讓用戶在加密經濟中享有價格穩定的支付與交易功能。最初的穩定幣如 USDT 與 USDC，採用「法幣儲備支持」模式，即每一枚穩定幣背後對應等值美元資產，由專業機構托管與審計。

但隨著市場對收益追求的升溫，出現了新一代「演算法穩定幣」，如 Terra 生態系統中的 UST，其不以現金或債券支持，而是透過協議內部的代幣平衡機制來維持匯率穩定。這種設計背後預設一個假設：只要市場對協議有信心、套利機制順利運作，就能自動維持價格穩定。

◇ Terra 生態系統的邏輯與崩解

Terra 的核心邏輯在於，當 UST 價格低於 1 美元時，市場可將 1 枚 UST 兌換為價值 1 美元的 LUNA 代幣，並將之賣出套利；反之亦然。這在穩定市場與信心強盛時確實有效，吸引大量資金湧入 Anchor Protocol 提供 20% 年化利息的「穩

第四節　穩定幣的崩塌：FTX 與 Terra 的案例

定存款」，導致 UST 需求暴增、價格穩定於 1 美元左右。

然而，當外部市場動盪、加密市場遭遇風險事件時，UST 賣壓湧現，套利機制無法即時承接，LUNA 發行量急劇膨脹稀釋其價格，反而加速信心崩解。最終，UST 失去與美元連結價值，大量持有者損失慘重，Terra 崩盤造成超過 500 億美元市值蒸發，成為史上最嚴重的穩定幣危機。

◇ FTX 虛擬貨幣交易平臺事件：中心化信任的幻覺

與 Terra 的去中心化設計不同，FTX 是一家標榜高效率與透明度的中心化加密貨幣交易所，卻在 2022 年底爆出創辦人濫用用戶資產、資產負債表虛報與內部交易不當等問題。事件引爆後，FTX 無法應對用戶擠兌，迅速破產清算，造成超過一百萬用戶資金無法追回，損失金額估計超過百億美元。

FTX 事件的核心問題不在於技術，而在於監管缺位與內控失靈。該公司未公開其內部資產配置、關聯公司貸款關係與儲備證明，用戶卻因品牌效應與名人背書而忽略基本風險審查。這種「信任中心化」的錯誤，證明即便在看似專業運營的機構中，只要缺乏透明與監督，崩潰亦可能一夕發生。

◇ 臺灣投資人與穩定幣風險的誤區

Terra 與 FTX 事件發生時，臺灣市場已有大量散戶與業者參與其中，包括使用 Anchor Protocol 存款賺取高利率者、

第五章　影子銀行與金融創新的詛咒

交易 LUNA 與 FTT 等代幣者，甚至有公司將穩定幣視為企業資產配置工具。然而，這些投資人對產品的結構風險、制度邏輯與監管保護幾乎缺乏認識，多數僅依賴 YouTube、社群與廣告信任。

這種「去中心化」表象下的信任誤判與「中心化」體系中對內控的錯信，共同構成了臺灣散戶與中小企業在金融創新風險上的雙重盲區。事後雖有金融監理機構警示，但因多數平臺與商品登記於海外，實際保障機制有限，難以避免資金流失與信心潰散。

◇ 建立可信任的數位金融基礎

從這兩大案例可見，穩定幣不等於穩定，金融創新也不必然透明。制度與信任必須同步設計，才能避免創新成為掠奪的遮羞布。未來穩定幣與加密平臺若欲成為正規金融體系一環，必須接受資產儲備揭露、風險揭示義務、用戶資金隔離與監理技術嵌入。

同時，投資教育也應同步升級，不再只是「教你怎麼買幣」，而要協助參與者理解區塊鏈設計邏輯、演算法風險與治理機制。當用戶具備結構性思維與風險識讀能力，方能在未來數位金融世界中，既享創新之利，也能自保於風暴之外。

第五節　P2P 與微型信貸的潰敗教訓

◇ 金融民主化的初衷與現實落差

點對點借貸 (Peer-to-Peer Lending，簡稱 P2P) 與微型信貸，原本被視為金融民主化的代表性創新，旨在透過數位平臺媒合資金供需，解決傳統銀行服務無法覆蓋的中小企業、低收入戶或邊緣用戶的融資困境。這些平臺標榜去中介化、低手續費與技術風控，吸引大量小額投資人進場成為「小型放款人」。

然而，這套看似具社會使命的商業模型，在現實運作中卻暴露出嚴重風險。平臺往往缺乏成熟的徵信與風險控制機制，投資人對借款人背景與真實還款能力幾乎無從查證。加上過度強調高報酬與低門檻，導致資金大量湧入後平臺急於擴張，違約風險快速積聚而未被即時處理，終致系統性崩潰。

◇ 中國經驗：從榮景到崩毀的縮影

中國是 P2P 產業最早起飛與最快潰敗的市場之一。自 2013 年起，數千家 P2P 平臺如雨後春筍般成立，其中不乏大型科技企業或國資背景的參與者。到 2018 年時，全中國 P2P 平臺數量超過 5,000 家，成交額達 1.3 兆元人民幣。

然而，在爆炸式成長背後，卻潛藏著無數借貸黑洞與資金池操作。許多平臺將投資資金用於關係企業、房地產專

第五章　影子銀行與金融創新的詛咒

案,或變相用新債還舊債。根據中國政府統計,到 2020 年為止,99％以上平臺已退出市場,數百萬名散戶投資者蒙受重大損失,其中不少案件被認定涉及非法集資與金融詐騙。

這一波 P2P 風暴揭示:當創新缺乏監理邊界與資訊透明機制時,所謂「普惠金融」很快就會變成「普騙金融」,創造的不是資本活水,而是制度信任的瓦解。

◇ 東南亞與臺灣的後發困境

在東南亞國家如印尼、越南與馬來西亞,P2P 平臺同樣蓬勃興起,並廣泛應用於微型創業、女性創業貸款與農業資金流通領域。但在監理框架不足、法規落後與數據基礎不全的條件下,平臺對借款風險的掌握極其有限,出現大量違約事件。

臺灣雖然 P2P 規模不如中國與東南亞龐大,但也曾出現多起「短貸高利」、「變相放貸」與「投資人資金被挪用」的個案。金管會已針對部分平臺採取懲處行動,並要求業者揭露借款資訊與風險評等。不過,由於 P2P 並不受《銀行法》或《證券交易法》直接規範,仍存在制度縫隙與執行模糊地帶。

◇ 微型信貸的道德風險與規模陷阱

與 P2P 相似,微型信貸起初是為協助低收入者取得基本創業資金而設計,其精神受到孟加拉鄉村銀行經驗啟發,強

第五節　P2P 與微型信貸的潰敗教訓

調無抵押、社群保證與還款責任。然而，隨著規模擴張與商業化轉型，部分機構開始以高利貸款擴張客戶數，甚至進行催收壓力與違法追討，背離初衷。

尼泊爾、印度與柬埔寨等地都曾出現微貸公司過度放貸導致借戶自殺事件，引發國際輿論關注。這說明即便是以公益為名的金融創新，只要進入市場邏輯後，若無適當制度設計與社會監督，也可能變質為剝削工具。

◇ 教訓與未來：設計回到人本初衷

P2P 與微型信貸的潰敗教訓不僅提醒我們創新的風險，也突顯制度設計應優先保障資訊對等、平臺責任與投資人教育。第一，平臺應具備風險評級與信用揭露標準；第二，應設立專責監理機構與仲裁機制；第三，對平臺經營者與借款方建立法律責任鏈條。

此外，技術應用不應再以「解構銀行」為目標，而應轉向「強化信任鏈」。透過區塊鏈、AI 徵信與數據共享等方式，建立公開、可驗證與可回溯的貸款生態，方能避免歷史重演。

最終，任何以「普惠」為名的金融工具，都應接受「是否減少不平等」的檢視，否則，金融的解放只會變成風險的下放。

第五章　影子銀行與金融創新的詛咒

第六節　Signature Bank 與 Silvergate Capital：虛擬與實體的交界

◇ 加密金融的橋梁角色

Signature Bank 與 Silvergate Capital 原是兩家美國規模中型的銀行機構，卻在 2020 年代初期迅速竄升為加密金融產業的關鍵媒介中心。兩者皆積極布局虛擬貨幣交易所、穩定幣發行商與數位資產平臺的金融後勤服務，包括法幣出入金、託管帳戶、即時清算系統與支付網關建置。

Silvergate 推出的 SEN（Silvergate Exchange Network）與 Signature 的 Signet 平臺，使數位資產交易可於銀行體系內實現 24 小時快速結算，替加密資本提供前所未有的速度與便利性，也成功將傳統金融基礎設施延伸至區塊鏈世界。在一段時間內，它們被視為虛實金融整合的創新典範。

◇ 去風險化的風暴來臨

然而，2022 年加密市場經歷劇烈震盪，包括 Terra 崩盤、FTX 破產等事件連鎖爆發，市場信心迅速崩解。隨之而來的是美國多家大型銀行與監理機構對加密相關業務的「去風險化政策」，即要求金融機構主動抽離與加密資產相關的風險敞口。

第六節　Signature Bank 與 Silvergate Capital：虛擬與實體的交界

Silvergate 首當其衝，面臨大量企業用戶擠兌資金，SEN 系統關閉，股票暴跌，最終在 2023 年 3 月宣布清算。緊接著 Signature Bank 也因遭聯邦監理機關指稱存在流動性與管理風險，在數日內遭政府接管。兩家銀行的倒閉不僅終結了其作為虛擬資產「法幣出入口」的功能，也代表著虛擬與實體金融整合進程的重大挫折。

◇ 臺灣與全球市場的後效應

這兩起事件對臺灣市場與亞洲數位資產圈亦產生顯著影響。原先許多臺灣交易所與區塊鏈新創公司透過這兩家銀行進行美元清算與資金調度，事件發生後，資金通道驟然斷裂，資金轉移與流動性管理陷入困境。一些公司甚至因此無法履行對用戶的出金承諾，引發信任危機。

此外，亞太地區其他國家如新加坡與韓國的金融監理機構，也在事件後強化對數位資產銀行連結的規範與要求，包含須揭露儲備資產結構、提高資金充足率門檻，並限制非金融業者擅自操作儲備管理業務，意圖防止虛擬經濟風險外溢至實體金融體系。

◇ 銀行角色與責任的再定義

Signature 與 Silvergate 的案例不僅是兩家銀行的失敗，更提出一個根本問題：傳統金融機構在面對高度波動、技術驅

第五章　影子銀行與金融創新的詛咒

動的數位資產時,其風控與業務模型是否具備足夠應變力?

在這兩家銀行的業務邏輯中,實體銀行不再只是資金保管者或信用仲介者,而是扮演了類似「數位市場基礎設施」的角色。然而,當這些新角色沒有相應制度保護與清算機制時,任何風險事件都可能產生傳染效應,影響整體金融穩定。

因此,金融體系未來要容納加密資產與虛擬經濟,不可單靠技術與業務創新,更應建立「跨領域風險辨識系統」,並對參與者制定適當的資本準備與清算保險機制,以承接創新失敗的代價。

◇ 從整合到重塑:下一階段的挑戰

虛擬與實體金融的整合,並非因這兩家銀行的倒閉而終止,而是進入需要更高制度設計與公共治理能力的階段。對未來金融政策制定者而言,關鍵不在於全面封殺加密經濟,而是理解其特性,並為其建立可持續的制度容器。

唯有建立清楚的分界與責任體系,讓銀行不再成為虛擬經濟過度依賴的唯一出口,才可能讓數位金融生態系在安全與創新之間取得真正的平衡。

第七節　金融監理科技停滯與改革空間

◇ 科技監理的理想與落差

金融監理科技 RegTech（Regulatory Technology）原本被視為解決金融監理失靈與效率低落的重要工具，透過人工智慧、區塊鏈、自動化流程與資料即時分析，監理機關能更快速地察覺異常、即時介入並提升系統透明度。尤其在 2008 年金融危機後，全球多國金融主管機關便積極投入 RegTech 研究與推動，期望藉此彌補傳統監理無法及時反應的缺口。

但進入 2020 年代，RegTech 的發展卻陷入推動乏力與成果不明的停滯期。雖然部分工具如 KYC（認識客戶）自動化、AML（防制洗錢）系統與異常交易警示模型已逐步落實，但在跨市場資金流監控、虛擬資產透明化與新型金融商品審查等核心領域，監理科技仍明顯落後於金融創新本身。

◇ 技術工具與監理哲學的失衡

金融科技不斷進步，但監理科技卻未能同步更新，其中一個關鍵原因在於制度思維的保守。傳統監理模式強調事後調查與法令依據，而非即時預警與資料驅動，導致新技術的導入不被信任或無法納入既有作業流程中。

例如：區塊鏈溯源技術本可協助追蹤加密資產異常交

第五章　影子銀行與金融創新的詛咒

易，但部分監管單位對此技術缺乏足夠理解，導致合作難以推進。AI 風險預測模型也因「黑箱性」與無法溯責疑慮而被棄用。這些現象反映出：RegTech 的問題不僅是工具可用性，更是監理文化與治理思維未能進入數位邏輯的體系問題。

◇ 案例比較：英國與新加坡的嘗試

英國金融行為監理局（FCA）早在 2015 年即設立「沙盒機制」，讓金融新創能在受控環境中測試創新，監理單位同步觀察其風險邊界，成為國際 RegTech 發展的參考模式。新加坡金融管理局則進一步將資料共享納入監理協定，建立跨機構交易資料庫與異常模型聯防機制，提升對洗錢與詐騙的即時反應能力。

相比之下，多數國家仍停留在「每家金融機構自行上報」的階段，無法形成橫向串聯與縱向資料累積，造成監理工作效率低下，且難以提前辨識風險群聚。例如 2023 年矽谷銀行倒閉後，美國聯準會內部報告即指出，現行監理資訊過度依賴靜態報表與人力分析，無法及時察覺資產錯配與存款擠兌風險。

◇ 臺灣現況與監理科技的瓶頸

臺灣近年雖積極推動金融科技創新，如純網路銀行、電子支付與虛擬通路整合，但在監理端的科技應用卻仍停留於基礎 KYC（Know Your Customer，認識你的客戶）與線上申

報階段。監理單位多數以外包方式開發系統,導致系統更新速度緩慢、實務整合困難。

此外,缺乏跨單位整合機制也是一大障礙。金管會、央行、保險局與洗錢防制辦公室等各機關皆有其風險掌握框架,但資訊分散、警示邏輯不同,使得大型金融事件難以及早預警。更缺乏能針對加密資產、P2P 放貸、穩定幣運作等新型態商品設計專屬監理模組。

◇ 改革路徑:從工具到治理架構的重塑

要讓 RegTech 真正發揮功能,不能只停留於技術引進,更需重塑整體治理架構。第一,建立跨部會 RegTech 專責機構,統籌資料整合、模型設計與法規調適;第二,引入 AI 倫理與演算法可審計性原則,讓監理科技成為具透明性與可回溯的制度工具;第三,與科技業者合作建立「預警共同體」,形成市場與監理機構之間的即時數據共享與動態聯防。

同時,教育與文化也須同步更新,讓監理人員具備基礎資料科學素養,能理解技術風險而非全盤否定科技介入。唯有從組織文化與法律制度同時改革,監理科技才有可能擺脫裝飾性的地位,真正成為現代金融風險防火牆的核心元件。

RegTech 不是技術問題,而是制度設計問題。當我們理解這一點,金融監理才可能真正走出停滯,進入可以與創新對話、與風險競跑的下一階段。

■ 第五章　影子銀行與金融創新的詛咒

第八節　金融創新是否總是善意的？

◇ 創新與利潤的糾纏關係

　　金融創新從來不只是技術演進的產物，更是資本市場利潤最大化的工具。歷史上無數創新，例如 CDO（擔保債務憑證）、高速交易系統、演算法交易、加密貨幣及其衍生金融商品，無一不是在「改善效率」與「擴大參與」的光環下誕生。然而，當我們抽絲剝繭觀察這些創新背後的設計邏輯與實際用途時，卻發現其中蘊藏著極強的剝削性與結構不對稱性。

　　許多金融創新並非為了解決使用者的真實需求，而是為了解套監理、規避風險準備金、或開拓新的收費模式。例如高頻交易的核心目的並非提升市場效率，而是利用毫秒等級的速度優勢從散戶交易中套利。這類創新外觀上具備技術進步的語言，實則深埋結構性掠奪的邏輯。

◇ 加密金融的善意幻象

　　加密資產與區塊鏈技術一度被視為建立「去中心化、反壟斷」的金融未來，象徵一種對華爾街霸權的挑戰。然而從 2020 年後的實際發展來看，多數加密創新逐漸轉向集中化、財團化與高度風險金融工具的製造工廠。DeFi 平臺發幣、DAO 治理名存實亡、NFT 金融化等現象，都顯示了「去中介

化」已演變為新一輪無監管狀態下的投機樂園。

加密資本市場雖然鼓吹技術平等，但資產分配極度集中在少數持幣者手中，加上演算法治理權限不透明，使得所謂「民主金融」更多是一種宣傳敘事，而非實質實踐。當創新與「金融普惠」脫節，就難以迴避其背後的操控與割韭菜邏輯。

◇ 臺灣案例：創新話術與制度掩護

臺灣市場也曾出現多起以「創新」為名的金融陷阱案例。例如2021年一款結合區塊鏈存證與高利定存設計的理財商品，在社群與媒體強勢包裝下吸引大批年輕投資人，但最終爆出資金池問題，造成數千人受害。該產品雖未違反當前法規，但其商品架構、風險說明與收益邏輯明顯脫離投資人認知。

這樣的情況暴露出臺灣金融監理架構在「創新商品」的鑑定上仍缺乏實質審查標準與風險教育義務。當法規與制度仍以「是否違法」作為審查基礎，便容易讓標榜創新者得以遊走灰色地帶，在善意話語掩護下進行結構性欺騙。

◇ 制度設計如何遏止偽善創新？

為讓創新回到服務經濟與社會功能的軌道上，我們必須建立一套能區辨「善意創新」與「偽善創新」的制度框架。第一，應強化「創新影響評估制度」，讓每一項新產品、新技術

第五章　影子銀行與金融創新的詛咒

在上市前進行潛在風險、資訊不對稱與市場衝擊的審查與回饋。第二，創新商品應明定資訊揭露義務與教育責任，避免以術語掩飾風險。

第三，應建立金融創新之「社會效益指標」，衡量創新是否真正改善了資金取得、風險分散與財務公平性。例如一項創新若僅強化資本集中、放大資訊落差，則應排除其進入市場的正當性。如此方能從源頭過濾那些偽裝成善意的高風險設計。

◇ 善意需要被制度保護

金融創新之所以危險，不是因為它本身，而是當其被過度美化、缺乏監督與被誤信為進步象徵時，極容易淪為權力與資本的工具。真正有益社會的創新，應內建監督與矯正機制，能在操作錯誤時及時止損、在濫用出現時迅速制衡。

創新可以推動進步，也可以加劇不平等。制度的存在，就是為了讓善意不再只是一種理想，而能成為創新行為的底線與共同責任。

derecho
第六章
數據、演算法與金融市場的虛擬化

第六章 數據、演算法與金融市場的虛擬化

第一節 演算法交易的起源與崛起

◇ 從紙筆下單到毫秒競速

演算法交易（Algorithmic Trading）並非突然出現，而是資訊技術發展與金融市場結構演變的自然結果。從 1970 年代的電子交易系統誕生開始，交易執行便逐步由人工改為電腦程式主導。真正意義上的演算法交易在 1990 年代興起，最初多用於大型機構為了降低大宗交易對市場價格的衝擊，藉由拆單執行與時間分布策略（如 VWAP、TWAP）來優化執行成本。

進入 2000 年代後，演算法交易的形式與目的產生重大轉變，從「被動執行」走向「主動策略」，包括統計套利、價格預測與機器學習模型主導下的動態調倉。此時期的演算法不再只是工具，而是核心的交易邏輯載體。尤其是高頻交易（High-Frequency Trading, HFT）的崛起，使市場逐漸被機器主導，在毫秒甚至微秒內完成數千筆交易，開啟了金融市場的速度競賽時代。

◇ 技術霸權與市場碎片化

演算法交易的普及雖提高了市場流動性與報價效率，但也導致結構性問題。首先是技術霸權的形成：能夠負擔低延

第一節　演算法交易的起源與崛起

遲設備、租用靠近交易所主機機房的企業，自然取得速度優勢。這造成市場參與的「技術門檻」急遽升高，散戶與中小型機構難以公平競爭。

其次是市場碎片化。隨著全球交易平臺與交易所的數位分流，演算法交易者為尋求最佳報價與套利機會，頻繁在不同平臺間移動資金與訂單，造成市場深度與價格訊號分裂。部分演算法更設計出前導交易（front-running）策略，透過探測大型訂單流動以提早卡位，對傳統市場參與者造成不公平競爭與信任流失。

◇ **關鍵轉捩點：閃崩與市場干擾事件**

演算法交易的風險並非假設性的。在歷史上，數次市場異常事件即顯示當決策權下放給黑箱模型時，其破壞力難以預測。2010 年 5 月 6 日，美國股市出現著名的「閃電崩盤」（Flash Crash），道瓊指數在短短數分鐘內暴跌近 1000 點，主要由高頻交易模型互相強化賣壓所致。

2013 年與 2015 年也陸續發生類似事件，包括英鎊閃崩、ETF 價格錯報等，皆與演算法反應異常、觸發自動賣出條件有關。這些事件突顯演算法交易雖擁有穩定常態運作的效率，卻在市場壓力極端情況下無法取代人類的判斷與停損機制，容易導致市場價格暴力修正。

第六章　數據、演算法與金融市場的虛擬化

◇ 臺灣市場的演算法實驗

在臺灣，演算法交易尚未如美國、歐洲市場般主導整體成交量，但其應用已逐步擴張。多家本土與外資券商引進智慧下單系統、即時套利策略與量化模型平臺，並進一步推進至 ETF 交易、期貨自動避險與選擇權組合建構。尤其在定期定額投資、ETF 跌價防護等方面，演算法已廣泛滲透。

但也出現一連串問題，包括量化交易錯誤導致價格失真、流動性斷層與異常掛單激增等。金管會與證交所近年來已針對高頻下單進行次數限制與風控門檻設定，試圖降低系統性風險。

◇ 下一步：透明度與責任機制的建構

演算法交易的未來，並不止於技術優化，更關鍵的是監理與倫理框架的重建。應推動模型透明度揭露、演算法可追溯性與風險容忍閾值設計，確保交易模型在非預期情境下能自動停止或接受人工介入。

此外，應建立「責任主體」制度，即每一套演算法背後皆有對等風險承擔與法律責任的實體，避免技術黑箱成為逃避監理的溫床。當市場不再只由「快」所主導，而能納入「穩」與「公」的維度時，演算法交易才能成為真正有益市場的制度資產，而非潛伏風險的技術陷阱。

第二節　GPT 時代的投資建議可信嗎？

◇ 人工智慧進入投資決策核心

隨著大型語言模型（如 GPT 系列）的崛起，金融市場正迎來一場前所未有的知識革命。這類人工智慧不僅能生成自然語言，還能即時回應問題、提供趨勢分析與擬定投資策略，成為大量散戶、金融從業人員與業餘顧問的新寵。部分平臺更推出內建 AI 助理的證券交易介面，讓使用者可直接向模型詢問股票評估、總體經濟解析或投資組合建議。

然而，這樣的應用引發一個根本疑問：AI 所提供的投資建議究竟有多可靠？是否能取代人類分析師或財務顧問？在知識生成與判斷之間，我們是否正在將風險交給無法負責的語言模型？

◇ 語言能力不等於金融判斷

大型語言模型的強項是語言理解與生成，但其「理解」建立於機率計算與語料關聯上，而非真實世界的金融邏輯。當使用者詢問如「台積電未來五年的成長動能」或「美元指數對臺股影響」時，模型給出的回答多半為綜合網路知識、財經新聞語彙與推測性的語句，未必具備嚴謹的財務分析架構。

此外，模型本身無法即時取得封閉資料庫的內部報告、

第六章　數據、演算法與金融市場的虛擬化

最新財報或關鍵數據,除非專門訓練與連結真實金融系統。這使得 GPT 類工具更適合用於「教育型輸出」與「初步導引」,而非做出具法律責任的投資建議。若使用者誤信其結果為專業建議而實際投資,便可能進入高度風險的判斷錯誤。

◇ 模型偏誤與操縱風險

AI 建議的另一大風險來自於模型偏誤與訓練資料的局限性。若其語料中存在大量偏頗的投資論述、過度強調某類資產表現或忽略系統性風險,則生成的建議將帶有潛在誤導性。例如在過去牛市語境下訓練出的模型,可能習慣於樂觀預期與高槓桿策略,忽略逆風市場的防守需求。

更值得警惕的是 AI 可能成為金融操縱的工具。若某些勢力有能力大量製造與輸入偏頗財經語料,則有可能透過訓練模型誘導投資人做出特定選擇,造成「資訊操縱即市場操縱」的新型態洗腦模式。在 AI 時代,操縱市場不再只靠假新聞或假帳戶,更可能透過潛移默化的語言模型「預設答案」。

◇ 臺灣市場的應用趨勢與監理空白

在臺灣,已有數家券商與理財平臺導入 AI 助理功能,讓使用者可透過語音或文字方式諮詢市場概況與投資建議。這些功能雖強化使用者體驗,但其實大多仍屬資料查詢與內容摘要,並未建立清晰的法律責任界線。

第二節　GPT 時代的投資建議可信嗎？

目前臺灣監理架構尚未針對 AI 投資建議進行分類與責任歸屬認定。若未來出現因 AI 建議導致重大財損的案例，究竟應由平臺、模型開發者或使用者承擔風險，皆仍存法律模糊地帶。這種制度真空不僅危及消費者權益，也可能使誤用者無法有效追訴。

◇ 建立可信任的 AI 投資生態

在 GPT 時代，我們需要的不是「全面否定 AI」，而是「如何正確使用 AI」。建立可信任的 AI 投資生態應包括：第一，對 AI 輸出標示風險等級，明確區分教育用途與建議用途；第二，設定模型回答的合法邊界，避免過度承諾與過度演繹；第三，建立第三方評估制度，定期審查模型偏誤與建議品質。

此外，應建立「AI 輔助、人工決策」的倫理架構，將投資決策的最終責任交由具有資格的分析師或顧問執行。唯有如此，AI 才可能成為提升判斷品質與資訊效率的幫手，而不是模糊風險邊界的引信。

GPT 能寫出優雅語句，也能重組複雜概念，但它終究無法理解「你為什麼投資」。這份缺席的價值觀，正是判斷與建議的本質差異。在 AI 的世界裡，越是語言優雅，就越要小心它藏得好的偏誤。

第六章　數據、演算法與金融市場的虛擬化

第三節　AI 如何強化而非減少風險？

◇ 技術神話與風險遮蔽效應

人工智慧在金融市場中快速滲透，從交易決策、風險管理到客戶服務幾乎無所不包。它被視為提升效率、降低錯誤與消除人為偏誤的萬靈丹。然而，這樣的技術神話往往遮蔽了 AI 實際上可能放大的風險結構。事實上，許多 AI 系統並非減少風險，而是將風險轉移為更隱性、系統性與難以辨識的型態。

AI 模型的自我學習機制讓它具備自我強化的傾向。一旦市場回報資料呈現某種偏向，模型可能強化該類資產配置或預測策略，忽略反向風險與黑天鵝事件。例如：在牛市語境中訓練出的 AI 資產配置模型，往往會誤判市場趨勢具有穩定性，導致過度集中與槓桿推高的結構出現。

◇ 風控模型反成風險來源

許多 AI 系統被用於信用評分、風險分類與詐騙偵測。初期確實提升準確率與效率，但隨時間推移，這些模型逐漸變成市場共用的「標準視角」，導致所有金融機構的風險反應高度同步。當模型反應過度一致時，整體市場將面臨「集體盲點」的危機。

例如：在 2023 年，隨著多家歐洲金融機構導入高度相似的 AI 模型進行風險評估與資產分類，市場對「模型同質化」的隱憂逐漸升高。當歐洲債市出現回跌壓力時，多數機構在風控指標觸發下同步減持風險資產，引發債市短期大幅波動。這類事件顯示，AI 強化的不是個別風險辨識，而是讓整體市場機制變得過於一致、缺乏韌性與異質性，形成反脆弱性的制度危機。

◇ 決策自動化導致人為撤退

另一層風險來自 AI 在決策流程中的地位愈來愈高。當金融機構仰賴 AI 模型進行資產配置、信用控管與市場反應，傳統的人工判斷與專業思考逐漸被邊緣化。這導致系統出現「人為撤退現象」，即專業人員因過度依賴模型而不再進行主動監督與質疑。

這種現象在多數保險與信貸機構中特別明顯。審核流程逐步交由 AI 處理後，審核員與風控人員逐漸只依賴模型建議，忽略了原本應進行的複核與異常分析，最終使風險進入制度盲區。例如：2022 年某大型保險公司因模型低估氣候災害賠付機率，導致在同一自然災害事件下暴露出巨大賠償落差，反映出 AI 演算的精準性遮蔽了其假設脆弱性。

第六章　數據、演算法與金融市場的虛擬化

◇ 模型共識與市場同質化危機

當多數市場參與者使用相似模型、相同數據來源與相近預測邏輯時，整體市場將進入「共識化陷阱」。一旦 AI 模型集體預測某一資產即將上漲，便可能因買盤擠壓而推高價格，反過來驗證模型正確性，產生「自我實現的泡沫」。

而當趨勢反轉來臨時，這些同質化的預測也將同時崩壞，造成集體踩踏式的資本撤離。例如 ETF 市場中的 AI 量化調倉，若遭遇突發地緣政治風險或政策反轉，將導致短時間內資金同向流出，放大市場崩跌幅度。這說明 AI 模型不但沒有分散風險，反而可能形成新型「系統風險源」。

◇ 預測機器不等於風險免疫

AI 並非萬能預測機器，它對極端情境、非線性變數與制度性突發事件的處理能力仍然有限。例如 2023 年美債評等調降、2024 年烏克蘭局勢急劇惡化、2025 年中國地方債風暴等事件，皆超出模型訓練資料邊界，使得多數 AI 策略出現大幅偏差。

同時，AI 仍高度依賴歷史資料與結構假設，對於「新型風險」的辨識能力明顯不足。例如 ESG（環境、社會與公司治理）風險、數位資安風險或虛擬資產洗錢問題，皆難以透過傳統模型有效預測。因此，AI 強化的是既有認知邊界，卻未能開拓風險視野。

第三節　AI 如何強化而非減少風險？

◇ 系統韌性設計與模型多元化

面對 AI 所帶來的風險放大效應，金融市場應強化「系統韌性設計」。首先，建立模型多元化原則，避免市場過度依賴單一演算法結構；其次，引入「反模型制度」，即專門設計一組模型用以質疑或挑戰主流預測邏輯。

監管機構也應要求重要金融機構揭露其 AI 模型假設、敏感度測試結果與風險容忍範圍，同時進行交叉壓力測試與逆境模擬，確保整體市場具備適應極端變動的能力。

最後，更應重新強調人類在風險判斷中的角色。AI 可以計算風險，但無法理解風險的社會後果與制度擴散。真正的風險控制，不只是算出數字，而是對風險有判斷、有想像、有責任。

第六章　數據、演算法與金融市場的虛擬化

第四節　金融數據驅動的反人性機制

◇ 精準計算與人性弱點的錯配

金融科技的本質是建立在數據的基礎上，尤其在大數據、行為追蹤與交易紀錄被大量收集後，市場參與者的行為越來越容易被數據模型所預測與引導。這些模型本意在於提升效率、降低風險，但實際應用中卻常常與人性的直覺、情緒與風險感知發生錯位。

例如：模型可能根據過往交易紀錄預測出投資者對「短期反彈」極度敏感，於是演算法便強化推播此類內容、誘導用戶做出頻繁交易。但這樣的推論往往忽略一個關鍵事實：人類在高頻訊息下容易出現注意力疲乏、認知超載與焦慮決策，反而導致更高的誤判率與後悔成本。換言之，模型越準確，就越可能觸發非理性行為，而非改善它。

◇ 消費者預測模型的金融化轉向

原先用於電商與廣告產業的行為預測系統，已逐漸被引入金融商品推薦、保險定價與信用評分。平臺根據用戶瀏覽習慣、滑動速度、停留頁面與按讚紀錄來推測其財務行為傾向，再進一步推薦「適合的商品」。但這些適合，往往不是根據長期財務規劃目標，而是短期點擊意圖與心理偏好設計。

第四節　金融數據驅動的反人性機制

例如：對於一位曾在深夜瀏覽奢侈品網站的使用者，系統可能推播高利率信用貸款或短期投資商品，而非強化其理財紀律與財務健康。這種金融行銷的微觀定向邏輯，不僅削弱了人的自我節制能力，還在無形中鼓勵衝動、強化短視，將人類認知弱點轉化為金融獲利邏輯。

◇ 系統過度理性化與反直覺風險

數據模型建構的前提是可量化、可預測與可回測，這種對風險與回報的邏輯化架構，乍看之下更科學、更穩健，卻往往與真實世界中「非理性事件」與「稀有巨變」背道而馳。當人類判斷開始過度依賴模型的理性預測，反而容易忽略那些無法量化的警訊。

例如：在 2008 年金融海嘯前，多數風險評等模型皆將次級房貸債券評為 AAA 等級，原因是過去數據未顯示大規模違約風險。然而，這種模型所欠缺的，是對「市場信心流動性消失」的直覺認知與社會心理演變的理解。當風險轉向非結構層面，數據即告失效，人類卻因過度信賴而選擇不介入，導致災難放大。

◇ 臺灣個人理財平臺的風險暗角

在臺灣，近年理財科技平臺如雨後春筍般冒出，包括 AI 選股、智慧理財機器人與自動化組合配置工具，廣受年輕族

第六章　數據、演算法與金融市場的虛擬化

群歡迎。但多數系統皆未對使用者心理狀態進行充分評估，也未設立風險容忍測試與行為彈性觀察機制。

例如：一位 30 歲小資族在系統中被建議投資中高風險基金組合，但系統未考慮其近半年收入波動、家庭責任或短期現金需求，僅基於年齡與過去選股行為預測其「風險偏好」。這種模型驅動的決策表面上為用戶量身打造，實則忽略了情境與人性中的複雜面向。

◇ 恢復人性尺度的數據倫理重構

為避免金融科技繼續走向反人性設計，我們需從制度上重建「以人為本」的資料應用邏輯。首先，應強化數據倫理規範，禁止將心理脆弱性、行為偏差與焦慮訊號作為銷售與推播依據。其次，設計須導入「反誘惑機制」，例如設定冷卻期、強化長期目標導向介面，減少即時交易誘惑。

同時，平臺應提供心理風險適配測驗，定期調整建議內容與資產配置，並增加「不投資也是選項」的系統回饋。最關鍵的是，AI 系統應透明揭露其演算邏輯與數據依據，讓使用者有知情權與拒絕權，恢復金融決策的主體性與價值尺度。

數據若無倫理，就是計算奴役；科技若無人性，就是控制工具。在 AI 與數據主導的時代，我們更應捍衛人性在金融決策中的地位，避免在效率的名義下，將選擇權交給一套看似精準、實則冷漠的機器邏輯。

第五節　被預測者如何反制預測？

◇ 預測社會的雙面刃

當金融市場與消費環境全面進入「可預測時代」，人類行為逐步被視為可計量、可回測、可導向的對象。無論是刷卡紀錄、點擊軌跡、投資習慣、社群發言，皆可被模型收集與分析，形成所謂「預測性金融」。然而，這種邏輯忽略了一個根本性問題：人類一旦意識到自己正在被預測，便可能產生對抗、隱匿與重構行為。

從心理學角度而言，預測對象並非靜態物件，而是具備主體意志的行動者。若人們察覺自己的金融選擇被預設為「某類群體偏好」，他們往往會本能性地反向操作，或選擇違反常規以保有主體性。這代表著：預測愈準確，反抗的動機愈強烈，而這正是 AI 與模型預測面臨的隱形天敵 —— 人性的主觀性。

◇ 資訊戰場中的行為遮蔽：關於「雜訊策略」的可能應用

在當代以數據為核心的金融市場中，投資行為與演算法預測之間的對抗已逐漸浮現某種戰略性思維。特別是針對預測性模型與監控型演算法，部分市場參與者已非僅追求獲

第六章　數據、演算法與金融市場的虛擬化

利,而是同時試圖避免被模型準確描繪其行為軌跡,進而導致策略透明度下降。在這種背景下,近年來有研究者與觀察者提出「行為雜訊策略」(noise injection strategy)這一假設性概念,意指個人或機構主動在其數位足跡與交易活動中植入隨機性、偽裝性或非關聯性的資料,以削弱演算法對其行為的預測能力。

例如:部分量化交易機構會特意釋放偽交易訊號,干擾市場對其持倉方向的推估;一些高資產族群則會以多層代理帳戶切割實際資金配置,降低演算法對其資產行為的重建能力。這些策略說明,在高度數據化的時代,金融行動不僅是經濟決策,更是資訊戰場。

◇ AI 預測下的信任危機

當人們察覺演算法不僅在預測,更在操控,預測便從中立工具轉變為壓迫性機制。特別在臺灣,部分使用 AI 理財平臺的年輕族群反映,系統總是推送「符合我偏好」的商品,但長期下來卻感覺被困在某種「被學習的牢籠」中,無法探索更符合真實需求的理財選項。

這樣的預測邏輯,不僅抑制多元與創新,更讓使用者對平臺產生深層的不信任——他們無法確定這些建議是為自己好,還是為平臺獲利設計。這種信任危機反而讓越來越多使用者選擇停用推薦系統,回歸人工查詢與群體討論。

第五節　被預測者如何反制預測？

◇ 資訊素養與主動權重建

面對演算法的預測壓力，被預測者最有力的反制方式不在於完全退出，而是提升資訊素養與建立主動選擇的能力。這包括：理解演算法的運作邏輯、學會辨識推播策略背後的商業動機、定期清理數據足跡、選擇具備透明機制的平臺。

例如：若一位使用者知道系統是根據短期高報酬偏好推薦商品，便可主動設定自己的財務目標為長期穩健，並標示不接受特定風險類型商品；或在平臺允許下，選擇「非個人化模式」，拒絕行為追蹤與精準預測。這類反制並非破壞模型，而是透過制度參與和設計互動，重建用戶的選擇主體性。

◇ 制度設計中的預測透明化

要使被預測者有能力反制預測，監理機關與平臺開發者應共同承擔「預測透明化」的責任。這包括建立模型解釋機制，讓使用者理解「為什麼你被推薦這個商品」、揭露使用的資料來源與評估依據，並賦予使用者「資料追溯權」、「模型拒絕權」與「行為修正權」。

如此，預測不再是單向權力的展現，而是一種可以協商、質疑與共構的資訊對話。在這樣的制度架構中，被預測者將不再是模型底下的資料點，而是有能力對預測邏輯提出挑戰與修正的智慧參與者。

第六章　數據、演算法與金融市場的虛擬化

　　預測技術的真正成熟，不在於多準，而在於能否與人的主體性共存。唯有當人不再恐懼被理解，並能自由選擇接受或拒絕演算法的預設時，金融預測才真正成為服務，而非控制。

第六節　演算法黑箱與倫理界線

◇ 黑箱模型的透明性難題

演算法日益主導金融市場，但多數模型並非如外界所想地「可解釋」。特別是深度學習與神經網路系統，儘管預測效果強大，其決策邏輯卻難以被清晰還原，形成所謂「黑箱」問題。這不僅挑戰市場監理，也讓使用者失去對演算過程的理解權與責任歸屬的清晰邊界。

當模型輸出一項資產配置或信用評分時，使用者很難知曉其背後依據是哪些資料、哪些權重組合、是否含有偏見。這樣的不透明性，直接衝擊金融服務中的資訊對等原則，讓市場的公平性陷入潛在危機。

◇ 偏見再製與結構歧視

黑箱模型中的偏見往往不易察覺，但其影響卻深遠。若一套模型主要參考過往偏誤資料，如特定族群的違約紀錄、性別差異報酬或社區信用風險，便可能將這些社會結構性不平等轉化為模型常態，進而強化歧視性結果。

例如：研究指出，若信貸模型採用過往借貸紀錄訓練而未納入社會經濟背景與政策差異，則某些群體可能長期被歸

第六章　數據、演算法與金融市場的虛擬化

為高風險，無法取得公平的資金條件。這些「看似客觀」的評分，實際上是數據選擇與模型設計過程中的價值偏見產物。

◇ 使用者無知與自動化決策風險

演算法工具在金融產品設計中被廣泛應用，如保險保費計算、自動投資組合、風險分類模型等，但使用者往往對這些模型的運作一無所知，只能信任介面所顯示的結果。這種知識不對等，使得個人難以質疑模型錯誤，亦無法判斷其結果是否合理。

尤其在臺灣，部分理財平臺與保險科技公司推出的「智慧商品推薦」功能，其背後模型來源、風險評估方式、樣本資料來源皆未對外公開。當使用者遭遇資產減損時，僅能回應「這是系統的判斷」，反映出當代自動化金融服務中倫理責任的真空狀態。

◇ 建立解釋權與挑戰權的制度機制

要突破演算法黑箱的治理瓶頸，首要任務是建立演算法解釋權。這不僅是技術問題，更是制度倫理問題。平臺應依法揭示其核心模型所依據的資料架構與風險分類邏輯，並提供使用者對結果的「異議權」與「修正申請權」。

同時，監理機關應推動模型審核制度，針對高風險金融

第六節　演算法黑箱與倫理界線

演算法設立「事前測試與事後驗證」程序，強化其結果公平性與社會責任考量。例如：針對信貸模型可要求進行族群中立性測試，針對投資配置可建立情境壓力模擬，以防止模型在極端市場下失靈。

◇ 模型設計者的倫理自覺

最後，制度雖能強化治理，但倫理仍需從模型設計端出發。金融科技公司應承擔「科技設計即價值選擇」的理念，在模型建構過程中主動檢視是否將偏見轉化為規則，是否將複雜決策過度簡化為分類公式，是否忽略少數族群的異質性。

在教育端，也應強化金融工程、資料科學與演算法設計者的倫理訓練，培養他們在技術開發同時，理解其對社會結構、金融公平與資訊正義的長期影響。只有當模型設計者意識到自己所創造的工具可能形塑世界，而不僅是「執行計算」時，金融科技才可能從內部重構其倫理基礎。

當演算法擁有決定權時，倫理不能只靠善意，而必須制度化。唯有讓系統透明、責任可追、使用者能質疑，金融 AI 時代才可能在效率之外，保留人的尊嚴與選擇。

第六章　數據、演算法與金融市場的虛擬化

第七節　ETF 與量化模型的失真效應

◇ 被動投資的主動力量

ETF（指數股票型基金）最初被設計為一種低成本、被動式追蹤市場指數的投資工具，其初衷在於讓散戶能以最小成本參與市場，分散風險並避開主觀判斷。然而，隨著 ETF 規模急速擴張，它早已不再「被動」，反而成為金融市場結構中極具主動影響力的力量。

當越來越多資金透過 ETF 進入市場，資產價格開始受到指數權重與資金流入的自我強化影響。一旦某檔股票被納入大型 ETF，便可能因被大量機構自動買入而價格飆升，形成 ETF「選股」後的跟風效應。這種看似中立的資金分配機制，其實在悄悄改寫市場價值秩序。

◇ 量化模型與指數結構的同質化風險

量化交易模型與 ETF 的組合，產生出強烈的同質化交易效應。多數量化基金為了追求穩定報酬與控制風險，會參考相同指數、因子模型或估值參數進行配置，而這些因子又多數由主流 ETF 架構所影響。

結果造成多家機構在面對市場波動時，會同步進行調倉與再平衡，加劇價格波動。例如 2022 年下半年科技股重挫期

第七節　ETF 與量化模型的失真效應

間,大量以市值因子為基礎的 ETF 與量化基金同步賣出特定標的,加速該產業板塊的價格崩跌,進而反向驗證原模型的「風險預測正確」。這樣的結構性互為因果,導致模型與市場之間出現自我實現的泡沫循環。

◇ 流動性幻象與價格操控空間

ETF 因其可於交易時段內買賣,具備高度流動性表象,但實際其標的資產往往為難以即時交易的證券或債券。例如:一些高收益債 ETF 雖標榜即時價格透明,實則其底層債券在場外市場成交稀疏,容易在市場波動時出現價格折溢價異常。

更值得警惕的是,部分大型機構可透過創造與贖回機制,在特定時間點進行套利操作,影響 ETF 淨值與報價間的平衡,進而干擾價格訊號的真實性。這不僅對散戶不利,更使 ETF 成為潛在價格操控的工具,與其「中立分散風險」的形象背道而馳。

◇ 臺灣市場的 ETF 迷思

臺灣近年掀起 ETF 投資熱潮,從定期定額到高股息策略,ETF 成為小資族的投資入門選項。然而,這股熱潮也伴隨著集體行為的風險。當投資人過度依賴 ETF「長期穩健」的形象,忽略其背後成分股的結構變動與產業集中風險,便

第六章　數據、演算法與金融市場的虛擬化

可能在市場轉向時面臨巨幅虧損。

例如 2023 年某高股息 ETF 因納入大量單一產業股票，在景氣反轉下出現連續淨值下跌，許多投資人不解為何「被動投資」會產生這麼大的主動性風險。這突顯出：ETF 雖為指數投資工具，但其成分結構與再平衡機制，實際上內建了高度的投資主觀判斷。

◇ 建立產品透明與投資教育機制

為避免 ETF 與量化策略造成系統性錯置與價格失真，應加強兩個層面改革：其一為資訊透明，規定 ETF 提供完整的成分股比例、調整邏輯與再平衡時間點揭露，讓投資人得以理解該產品是否適合自身資產配置；其二為投資教育，強化對 ETF 結構與風險的認知，破除「只要買 ETF 就能躺著賺」的迷思。

此外，監理機關應建立針對 ETF 的流動性壓力測試與再平衡行為追蹤制度，監控特定 ETF 對單一市場板塊的資金流與價格牽動效應，防止特定指數化投資對市場結構產生長期扭曲。

ETF 與量化模型不是問題，問題在於當市場過度依賴這些「自動駕駛工具」時，是否還有人掌握方向盤。唯有在效率之外重視系統穩定與資訊對等，才能讓這些創新工具真正服務投資人，而非反向塑造市場風險。

第八節　自動化決策下的市場人性消失

◇ 決策邏輯的演算法化趨勢

在 AI 與量化工具逐漸滲透每個市場環節的今天，越來越多金融決策被自動化程式取代。從自動投資配置、ETF 再平衡，到風險控管與衍生商品定價，演算法的角色從輔助走向主導。這種自動化邏輯的盛行，讓市場決策愈來愈像是機器間的對話，而非人與人之間的判斷與價值協商。

這種情況固然提高效率與一致性，但也逐步削弱了市場參與者的思考深度與主觀判斷能力。人們不再思考「為何投資」，而是接受「系統說我該投資什麼」，讓市場演化為一種資料驅動的反思結構，失去了人性思維的容身空間。

◇ 技術決策與情緒排除的代價

傳統金融學假設市場理性，行為金融學則試圖解釋人類情緒與非理性對市場的影響。自動化決策系統正是試圖消除這些情緒因素，將所有判斷轉換為統計結果與數學函數。然而，這種「去情緒化」過程實則排除了人類經驗、直覺與價值觀的參與。

舉例來說，一個 AI 風險控管系統在偵測出系統性風險徵兆時，或許能立刻執行抽資與去槓桿操作，但它無法預測這

第六章　數據、演算法與金融市場的虛擬化

樣的動作將引發多少恐慌與連鎖反應。它不會理解「市場信心」的心理脆弱性,只會執行最符合參數設計的最佳解,進而加劇人為恐慌與非理性反應。

◇ 臺灣投資圈的依賴性與集體疏離

在臺灣金融市場,自動化決策的普及同樣日益明顯。從智慧理財平臺到保險投保推薦系統,再到 ETF 自動再平衡機制,越來越多投資人交出主動權,仰賴科技提供答案。然而,這種便利背後,是市場參與者對風險、目標與投資邏輯的疏離。

有年輕族群甚至表示:「我只知道每個月扣款,剩下交給平臺就好。」這樣的態度或許短期內可提升參與度,但長期來看卻可能導致對資產狀況、風險承擔與投資目的的認知空洞,形成一種「被動參與的幻象」,人們以為自己在投資,實際上只是演算法參與的容器。

◇ 對「慢金融」的呼喚與制度設計責任

自動化決策下的市場人性消失,並非無法逆轉。我們必須重新思考:金融市場的目的是否只剩效率與報酬?還是也應保留思辨、協商與自我認知的空間?所謂「慢金融」,即是對當代科技過度主導的對抗思維 —— 在快速運作中尋找理解、選擇與自省的節奏。

第八節　自動化決策下的市場人性消失

制度上,金融科技平臺應提供「半自動化選項」,讓使用者參與部分決策過程,或設計延遲反應機制,避免即時下單造成非理性決策。同時,應強化投資教育內容中對金融目的、風險感知與資產意義的探討,恢復市場作為人類價值實踐場域的本質。

自動化不是問題,失去人性才是問題。唯有當科技成為人的延伸,而非取代,我們才能在高速運算的世界裡,保有真正的選擇與反思能力。

第六章　數據、演算法與金融市場的虛擬化

第七章
黃金、美元與數位貨幣：
金融權力的新格局

第七章　黃金、美元與數位貨幣：金融權力的新格局

第一節　黃金的永恆魅力與誠實貨幣論

◇ 黃金作為貨幣信仰的起源

在數千年的金融史中，黃金始終扮演著超越地理、文化與政治的共同貨幣角色。無論是古埃及的金飾交易，還是中世紀歐洲的金本位制度，黃金因其稀缺、不可人為生產與穩定性而成為跨世代信任的媒介。相較於紙幣的信用本質，黃金被視為「誠實貨幣」，其價值不由國家背書，而由市場本身認定。

「誠實貨幣論」的支持者主張，黃金是一種無法被政府操控的財富儲存方式，能有效抵禦通膨與貨幣貶值。特別是在央行大規模印鈔、利率政策失效或信用破產的情況下，黃金常被視為最後的信仰庇護所，是市場不信任國家財政與金融制度時的避難資產。

◇ 戰爭、危機與黃金需求的連動

歷史證明，每當地緣政治風險升高、通貨危機蔓延或全球性金融風暴來襲，黃金的價格幾乎總是同步上揚。例如 2020 年 COVID-19 爆發後，全球市場陷入恐慌，黃金價格隨即突破每盎司 2,000 美元，反映出其避險資產地位未曾動搖。

2022 年俄烏戰爭爆發、2023 年美債評級遭調降，皆再次

第一節　黃金的永恆魅力與誠實貨幣論

引發黃金市場的強烈波動。這種「危機同步需求」也推升各國央行對黃金的戰略儲備重視。2023 年各國央行淨購金量創歷史新高，其中以新興市場國家購金意願最為強烈，顯示黃金正重新被納入主權財政安全的核心資產配置之中。

◇ 去美元化與黃金結算機制的探索

在去美元化浪潮下，黃金不僅作為資產保值工具，更被納入跨國貿易與結算體系的實驗方案。多國嘗試透過「黃金儲備支持下的貨幣互換」或「黃金為本位的清算單位」進行非美元結算，尤其在能源與原物料貿易領域中逐漸形成替代體系。

以 2024 年全球最大黃金消費國之一印度為例，該國與部分中東產油國嘗試透過黃金計價能源合約減少美元依賴。同時，亞洲區域性金融機構也研究由黃金儲備作為基礎建立區域清算平臺，雖規模尚小，但展現出市場對「非美元儲備貨幣」的深層焦慮與實驗性行動。

◇ 黃金 ETF 與數位黃金資產的雙重化身

黃金不再僅限於實體貴金屬的交易。透過 ETF 與數位黃金資產，黃金已成為金融科技時代的投資主流品項。特別是黃金 ETF，提供了即時流動性與低成本持有的可能，使散戶

第七章　黃金、美元與數位貨幣：金融權力的新格局

與機構投資人能便捷參與市場。

更進一步的是數位黃金資產的出現，如部分區塊鏈平臺推出以黃金實體儲備為擔保的代幣，結合貴金屬穩定性與加密貨幣流通效率。這樣的產品試圖融合傳統貨幣信仰與科技新架構，雖尚處早期階段，但若解決監管與驗證透明度問題，將可能改變全球黃金交易邏輯。

◇ 黃金的未來角色：保守與創新的交會

黃金既是人類財富保值的歷史符號，也是金融科技創新中的新實驗對象。在貨幣體系持續動盪、法幣信任逐步動搖的背景下，黃金的角色似乎不僅未被淘汰，反而更具多元形態與彈性應用。

未來的金融權力分布，很可能在「誠實貨幣」與「數位運算邏輯」之間產生競合與融合，而黃金正好位於兩者交界──它是歷史的遺產，也是演算法金融的支點。當我們問黃金未來還重要嗎？也許真正的問題是：我們對貨幣與價值信仰的重心，是否已在不知不覺中轉向它。

第二節
美元霸權的核心：信任還是恐懼？

◇ 二戰後的美元地位與布列敦森林遺緒

美元之所以能在全球金融體系中獨占鰲頭，其根基來自二戰後的制度性安排。1944 年布列敦森林會議確立美元與黃金連結，其他貨幣則與美元連結的金匯本位制度。儘管 1971 年尼克森宣布美元脫鉤黃金，金本位制度名存實亡，但美元的霸主地位並未因此瓦解，反而進一步深化為「信用貨幣的信仰中心」。

在這個結構中，美元不再由黃金支撐，而是由美國國債、市場流動性與軍事政治實力支撐。這也意味著美元的地位早已超越貨幣本身，而成為全球對美國制度穩定、經濟規模與地緣權力的集體信任投票。

◇ 信任機制的三大支柱

美元之所以能長期維持霸權地位，至少建立在三個信任支柱之上。第一，是美國國債市場的深度與流動性。全球央行與主權基金將其視為最安全的儲備資產，即便收益不高，也因其市場規模與可兌現能力而被廣泛配置。

第二，是美元在全球貿易結算中的主導地位。根據國際

第七章　黃金、美元與數位貨幣：金融權力的新格局

清算銀行統計，超過八成跨國交易仍以美元結算，能源、農產品、科技原物料幾乎全面美元化。這種結算慣性，讓各國即便政治上不信任美國，經濟上仍難以脫離其貨幣軌道。

第三，則是美元作為避險資產的角色。每當市場動盪、資金撤出風險性資產時，美元與美債幾乎總是資金的首選去處，形成「危機強化霸權」的現象。

◇ 恐懼作為貨幣控制的陰影面

然而，美元體系的運作並非僅靠信任，更多時候是建立在恐懼與替代缺位之上。所謂「美元霸權」，不只是市場主動選擇，更是其他貨幣體系尚未具備足夠規模與可信度的結果。

例如：歐元區雖曾試圖挑戰美元地位，但歐盟政治整合不足與主權債危機暴露其內部脆弱性；人民幣雖快速國際化，但資本帳尚未完全開放、信任機制未臻成熟；數位貨幣體系尚在起步階段，更難短期取代。

此外，美國政府曾多次利用美元系統進行金融制裁，透過 SWIFT 系統與美元清算通道，將地緣政治意圖嵌入金融基礎設施，讓全球意識到美元不只是市場選擇，更是政治工具，這進一步激發「去美元化」的動能。

第二節　美元霸權的核心：信任還是恐懼？

◇ 霸權體系下的臺灣角色與應對

臺灣作為高度外貿導向經濟體，其外匯儲備與國際貿易高度依賴美元體系。美元走強時，出口競爭力受壓；美元走弱時，資產價格與通膨壓力加劇。加上近年美中關係緊張，讓臺灣須在美元主導的結算系統與區域政治風險間，尋求更細緻的資金管理策略。

近年來，部分臺灣銀行已探索多元幣別結算方案，並提升黃金與非美元資產配置比重，以分散美元波動風險。此外，也有新創機構與區塊鏈平臺提出區域型穩定幣或商品結算幣的構想，雖未全面成形，但代表市場對單一貨幣霸權結構的隱憂。

◇ 信任與恐懼的交織未來

美元霸權不是絕對穩固的機制，而是一場結構性權力與心理機制的協商。只要全球尚未出現具有等同深度與穩定性的替代貨幣體系，美元仍將維持核心地位。

但這種地位若建基於恐懼大於信任，將逐漸侵蝕其長期正當性與道德資本。真正穩固的貨幣權力，應建立於制度透明、公平交易與多元貨幣選項共存的框架中。否則，在 AI 交易、數位結算與地緣碎片化浪潮推進下，美元可能不會崩潰，卻將逐步流失它曾代表的全球共識。

■ 第七章　黃金、美元與數位貨幣：金融權力的新格局

第三節　數位人民幣與 CBDC 實驗場

◇ 中央銀行數位貨幣的理念演進

中央銀行數位貨幣（Central Bank Digital Currency，簡稱 CBDC）是全球貨幣制度轉型中最具結構性挑戰的新型工具。與比特幣、以太幣等去中心化加密貨幣不同，CBDC 由主權國家發行，具備法償性，並可結合區塊鏈技術實現更高效率與監管掌控。

數位人民幣（e-CNY）作為最早進入大規模實驗階段的 CBDC 之一，其定位並非完全取代現行紙鈔或商業銀行存款，而是作為現金的「數位延伸」，具備追蹤能力與即時結算功能。此一設計不僅挑戰傳統金融機構角色，更對全球貨幣主權概念提出實質再定義。

◇ e-CNY 的應用場景與制度設計

截至 2025 年初，中國已在超過二十個主要城市推動 e-CNY 試點，涵蓋交通、零售、繳稅、薪資發放等領域，並透過國營與民營平臺（如數位錢包 App 與實體卡片）加速其普及。

e-CNY 採取「雙層架構」，由人民銀行發行數位貨幣，商業銀行與科技公司負責流通與使用場景建設。其最大特點在

於「可控匿名」設計，即在保障小額交易匿名性的同時，保留對大額或可疑交易的監管能力，這讓央行得以更即時地監控資金流向與系統風險。

這類設計雖提升風控與洗錢防制能力，但也引發對使用者隱私與數據集中化風險的憂慮，特別是在缺乏第三方監督與資訊公開機制下，數位貨幣可能成為政府掌控資本行為與社會動向的數位工具。

◇ CBDC 與美元體系的結構對抗

e-CNY 的推廣並非單一國內金融創新，更是對美元主導全球結算體系的回應。在傳統體系中，跨境結算需經由 SWIFT 等中介平臺，美元占據壓倒性主導地位，導致國際貿易與資本流動必須接受美國金融政策與制裁邏輯的約束。

透過 e-CNY 跨境支付平臺，中國與東南亞、中東、非洲等多國正積極建立不依賴美元的結算替代路徑。這些結算測試雖仍處早期階段，但展現出 CBDC 作為去美元化戰略工具的潛力。

2024 年，香港金融管理局與中國人民銀行合作推動 e-CNY 與港元的跨境試點結算機制，使跨境旅客可在港使用人民幣錢包支付，實現「人民幣走出去」的數位升級版。這種以政策驅動與技術實現結合的新模式，對全球貨幣秩序提出深層挑戰。

第七章　黃金、美元與數位貨幣：金融權力的新格局

◇ 臺灣觀察與潛在應對策略

臺灣目前對 CBDC 的態度謹慎開放。中央銀行於 2023 年展開「批發型 CBDC」技術實驗，測試其在金融同業間的清算效率與安全性，同時也針對「零售型 CBDC」進行消費者行為模擬，但仍未公布正式發行時程。

考量臺灣開放市場與國際貿易依賴度極高，若鄰近地區（如中國、韓國、香港）普及 CBDC 跨境支付機制，臺灣在國際貿易資金結算上的相對劣勢將可能擴大。因此，建立「跨平臺結算協議」與研究「區域型穩定幣合作」成為潛在政策方向。

此外，臺灣須特別重視 CBDC 對金融中介機構（如銀行與支付平臺）角色的改變。若 CBDC 取代大部分存款功能，將影響商業銀行的資金來源與風險管理機制，需提前評估相關衝擊與監管調整必要性。

◇ 主權貨幣與數位科技的結合未竟之路

數位人民幣與 CBDC 的實驗，不僅是一場支付效率的競賽，更是一場主權與科技融合的制度重組。它挑戰的不只是美元的全球結算主導地位，更挑戰人們對貨幣匿名性、交易自由與資金邊界的基本想像。

第三節　數位人民幣與 CBDC 實驗場

　　未來的貨幣，很可能不再是單一國家發行的紙鈔，而是演算法設定、平臺分發、政策內建的數位邏輯系統。在此情境下，我們需要的不僅是金融科技創新，更是對數位主權與使用者權益的重新認識與制度設計。

第七章　黃金、美元與數位貨幣：金融權力的新格局

第四節　USDC 脫鉤與穩定幣風暴

◇ 穩定幣的誕生與穩定承諾

穩定幣（Stablecoin）原本是加密貨幣世界對價格波動性的一種回應，其基本設計邏輯是：以法定貨幣、資產儲備或演算法機制為基礎，讓代幣價格維持穩定。例如 USDC（USD Coin）即標榜每一枚代幣皆由等值美元資產支持，並由受信機構保管。

穩定幣的興起在 2020 年後加速，因其具備鏈上交易速度與鏈下資產價值支持，被視為加密資產與法幣系統之間的橋梁。然而，這種設計也埋藏了潛在風險：一旦儲備資產的流動性下降或信任機制崩潰，穩定承諾將迅速失效，導致市場恐慌與鏈式崩潰。

◇ USDC 脫鉤事件的連鎖效應

2023 年 3 月，USDC 發生短暫脫鉤事件，其價格一度跌破 0.88 美元，引發市場廣泛震盪。事件導因於 USDC 儲備資產之一──矽谷銀行的流動性危機，當外界得知 USDC 持有的部分儲備資產遭凍結且無法即時兌現，市場信心瞬間崩盤。

儘管後續經由聯準會與監管機構介入協調，使 USDC 價

第四節　USDC 脫鉤與穩定幣風暴

格回穩，但事件已揭示穩定幣系統的核心脆弱性——其穩定並非來自數位機制，而是高度仰賴中心化機構的財務穩健與資訊透明。當這些機構失去市場信任，穩定幣便不再穩定。

◇ 穩定幣信任危機的制度困境

USDC 事件不是孤例，2022 年的 Terra/LUNA 系統性崩潰便是前車之鑑。不同於 USDC 的法幣儲備模式，Terra 採用演算法穩定模型，結果在遭遇大規模拋售時完全失效，導致數十億美元市值蒸發。

這兩起事件反映出穩定幣的共同問題：在市場順境中，它們被視為金融創新的代表；在壓力測試中，卻迅速暴露為缺乏監管、資產審計與清算機制的高風險工具。尤其是當穩定幣逐漸滲透至跨境交易、DeFi 應用與金融機構資產結構時，其崩潰不再只是技術性風險，而是具備潛在系統性影響。

◇ 臺灣市場的穩定幣應用與監理挑戰

在臺灣，雖未出現 USDC 規模的穩定幣，但相關技術應用逐漸興起。部分加密平臺推出與新臺幣、美元連結的穩定幣，廣泛應用於資產交易、轉帳與支付。雖目前交易量仍小，然隨著加密資產普及，穩定幣已成為金融科技發展中的關鍵模組。

■ 第七章　黃金、美元與數位貨幣：金融權力的新格局

　　監理上，臺灣金融監督管理機構尚未對穩定幣建立專法，而是依既有電子支付、反洗錢與證券法規予以間接管理。此種制度空窗，使得平臺經營者與使用者在權責分配、風險告知與清償機制上仍存疑慮。若未建立明確框架，未來當本地穩定幣遇到脫鉤或儲備不足問題，將面臨重大信任斷裂風險。

◇ 穩定幣的未來：是制度化還是替代化？

　　穩定幣風暴過後，全球開始出現兩種趨勢：一是加強監管、推動制度化穩定幣，如美國研議由聯準會背書的數位美元計畫；二是回歸主權發行體系，透過 CBDC 取代私人穩定幣功能，重新建構數位貨幣秩序。

　　這場選擇關乎整個金融架構的未來走向──是讓私人資產創新主導新貨幣秩序，還是回歸政府與央行的制度治理？或許答案不在單一極端，而在混合設計與多元協作，確保穩定幣既具創新彈性，也有制度承擔與金融保護機制。

　　穩定的貨幣，需要的不只是程式碼與資產儲備，更需要信任架構、法律保障與政策責任。唯有建立起制度化的信任鏈，穩定幣才可能真正進入主流金融秩序，而非只在風險邊緣試探人們對未來貨幣的期待與恐懼。

第五節　「影子金本位」是否悄然成形？

◇ 從黃金回歸談起：貨幣信仰的轉折

自 1971 年布列敦森林制度解體後，美元與黃金的正式連結關係告終，全球貨幣體系轉向「信用貨幣」模式。然而，在 2008 年金融海嘯、2020 年疫情衝擊與 2022 年通膨危機後，愈來愈多國家重新檢視黃金作為儲備資產的戰略價值。

近年來，全球央行紛紛提高黃金儲備比重，尤其是新興經濟體與去美元化倡議領頭者。黃金的吸引力不僅在於其避險屬性，更展現對法幣信用體系不信任的逆向指標。儘管官方並未宣稱重啟金本位制度，但這股趨勢實則已在國際金融系統內部構築出「影子金本位」的架構基礎。

◇ 央行購金潮的地緣政治意涵

2022 年起，俄羅斯、土耳其、中國、印度等國的央行增持黃金，總量創下歷史新高。特別是俄羅斯與伊朗，在遭遇美元金融制裁後，更積極推動黃金貿易與本幣結算，藉此繞過美元清算體系。

這股央行「購金潮」實際上是一場非正式的「貨幣主權戰爭」。以黃金作為儲備，不僅降低對美債的依賴，也為未來可

第七章　黃金、美元與數位貨幣：金融權力的新格局

能推出的區域性結算幣提供背書。這類操作雖無法全面取代美元結算功能，卻逐步重構全球資本信任網路的重心。

◇ 國際貿易中的黃金定價回潮

除了儲備功能，黃金也悄悄重返國際貿易結算邏輯。2023年部分亞洲與非洲能源出口國，開始以「金價作為參照單位」與買家議定合約價格，形成一種以黃金為價值中介的貿易模式。

這不等於全面回到金本位制度，但卻是對法幣波動風險與結算霸權的市場對策。當通膨導致主要法幣購買力不穩、地緣政治使美元資金流轉受限時，黃金再次成為共識性價值標的。這些現象讓「影子金本位」漸成既成事實，只是尚未被制度化命名。

◇ 數位黃金與區塊鏈結算的融合試驗

黃金不僅回到國際貿易場域，也在數位金融基礎建設中扮演嶄新角色。多個區塊鏈平臺推出「數位黃金幣」，結合黃金儲備與代幣交易功能，讓實體黃金可透過鏈上結算實現即時跨境流通。

此舉打破了傳統黃金流動性低、轉移困難的限制，使其得以重新作為結算媒介介入金融創新架構。特別在區域結算

平臺如中東與亞洲的「非美元貿易區」試驗中，數位黃金正逐步成為儲備與交易的雙重工具。

◇ 臺灣視角：分散儲備與政策空窗

對臺灣而言，儘管美元仍是主要外匯儲備幣別，但面對全球貨幣格局變化，已有部分資金開始重視實體黃金與數位黃金工具的配置潛力。保險業與部分大型法人也將黃金列為長期抗波動資產之一。

然而，目前臺灣缺乏針對「數位黃金」、「黃金資產證券化」的明確政策框架，僅以傳統商品交易方式處理，難以因應新型金融商品的跨鏈與跨境特性。若未適時調整，可能喪失參與「影子金本位」架構的技術與制度先機。

黃金從未離開貨幣舞臺，只是在不同時代以不同形式發聲。當全球對法幣信任下降、主權貨幣間裂痕擴大，黃金正以一種去中心化、跨制度、跨文化的共識資產形式，悄然重返世界貨幣體系的核心。它不再是布列敦森林下的黃金，而是鏈上、區域、實物與數位融合的新秩序起點。

第七章　黃金、美元與數位貨幣：金融權力的新格局

第六節　數位資產與主權衝突的新前線

◇ 主權邊界與技術邏輯的衝突起點

在過去的金融秩序中，貨幣主權始終由國家主導，所有貨幣的發行、流通、清算與監管都需依附於特定的國家機器。然而，數位資產，特別是去中心化的加密貨幣，卻在制度上與主權形成根本衝突。這些資產無需中央機構發行，不受單一國家的監管即可在全球範圍內自由流通，其背後的區塊鏈技術與點對點結構挑戰了「邊界控制」的傳統邏輯。

此種結構特性使得數位資產天然成為跨境逃避監管、資本外移與制裁規避的重要工具，也讓許多國家在面對數位貨幣發展時出現制度遲滯與政策緊張：它們無法禁止技術本身，卻也無力全面監控資產流動，導致治理真空與風險外溢。

◇ 國際衝突中的數位金融戰略工具

2022 年俄烏戰爭爆發後，俄羅斯遭遇大規模金融制裁，但多項研究指出，大量資金透過比特幣與其他加密貨幣進行轉移與清算，以規避美元與 SWIFT 體系限制。同樣情況也出現在伊朗、委內瑞拉等遭遇金融封鎖的國家。

這讓數位資產不再只是「技術創新」，而成為地緣政治中實質的戰略工具。各國政府發現，當對手可以繞過傳統金融

制裁系統，直接進行去中心化的價值交換時，傳統主權金融工具的效力大幅削弱。

因此，美國、歐盟與日本開始推動針對數位資產的跨境稅務與資金來源監控合作，而部分新興市場則選擇以全面禁止或限制為手段，試圖延後這場主權解構的技術浪潮。

◇ 主權穩定幣與民間數位資產的制度拉鋸

各國央行也試圖透過主權版的數位貨幣——即 CBDC——重新奪回對數位資產的主導權。但 CBDC 與比特幣等去中心化資產在設計邏輯上截然不同：前者強調可監控、可凍結、可追蹤，後者則建基於匿名性與抗審查性。

這形成一種制度上的拉鋸與價值對抗。在部分地區，例如中國、印尼與中東國家，政府強力推動 CBDC 同時限制其他加密資產流通，以維護本國金融安全與政策獨立性。而在開放經濟體，則出現 CBDC 與民間穩定幣並存的過渡期，兩者之間在支付領域、儲值工具與跨境交易上的競爭日益白熱化。

◇ 臺灣的數位資產政策十字路口

臺灣目前對數位資產持審慎包容態度，雖尚未立專法，但已針對加密平臺實施實名制、反洗錢與交易申報機制。然

第七章　黃金、美元與數位貨幣：金融權力的新格局

而,在主權與創新之間的平衡仍具高度不確定性。

由於臺灣資本市場對外依賴性高,若無法制定具備未來彈性的數位資產監理框架,將可能在區域金融整合中落後。例如:若區域型穩定幣或鏈上貿易結算機制興起,臺灣若缺乏相應制度接軌能力,將難以參與此新秩序重組。

此外,數位資產也關乎國家安全。若資本大量流入鏈上資產而無清楚稽核管道,將可能成為非法資金洗白、政治獻金外移與跨境經濟干預的溫床。這些潛在風險必須透過制度設計與技術監理機制加以回應。

◇ 重新思考主權的邊界與型態

數位資產不僅挑戰傳統金融工具,更挑戰「國家能控制什麼」的基本信念。當資產可以匿名移動、價值可以即時跨境轉移、政策可以被程式碼對抗,主權的意義將不再僅是法規與邊界的總和,而是制度信任與數位治理能力的競賽。

我們正站在一個新時代的門檻上:一端是國家對貨幣主權的最後堅持,一端是公民對技術自由與資產自主的渴望。數位資產是否會擊碎主權,尚難預言;但它已經改變了我們理解主權的方式,這場賽局才剛開始。

第七節　加密貨幣的去政治化神話？

◇ 去中心化的政治想像

加密貨幣的誕生伴隨一種理想主張──在程式碼中建立對政府的不信任，創造一種不依附主權、不受央行干預的去政治化貨幣體系。中本聰於 2009 年在比特幣創世區塊中嵌入「The Times 03/Jan/2009 Chancellor on brink of second bail-out for banks」訊息，便可看出其批判政府干預與金融救援的不滿。

這場技術實驗原本被視為對國家貨幣壟斷的反動，但發展十餘年後的今天，加密貨幣卻漸漸顯露出與政治緊密纏繞的現實。無論是政策監管、市場炒作，還是地緣衝突中的資金避險，加密貨幣早已走出去政治化的理想區，邁入了高度政治化的灰色地帶。

◇ 政策環境與監管政治的重塑

不同國家對加密貨幣的立場，展現出政治體制與市場開放程度的深層差異。在美國，加密貨幣曾受到創投與自由市場理念擁護，但隨著 FTX 事件、穩定幣風暴與投資人損失擴大，監管機構如 SEC（證券交易委員會）、CFTC（商品期貨交易委員會）等開始加強干預，甚至與國會角力立法權限。

■ 第七章　黃金、美元與數位貨幣：金融權力的新格局

相較之下，中國則採取全面封殺交易與挖礦的策略，雖然在表面上是出於風險控管，實則亦有維護資本流動主權、打壓非國家金融替代體系之意。歐洲地區則採取審慎規範態度，強調 KYC、防制洗錢與投資保護，期望在風險與創新之間找到平衡。

監管架構的不同，實際上反映了各國對「貨幣是國家專屬工具」這一信念的堅持程度。當加密貨幣規模擴大、影響社會資源分配與政治信任時，原本的去政治化承諾便顯得越來越虛幻。

◇ 地緣策略中的數位代理人角色

加密貨幣在全球資金流動中，愈來愈被視為一種「數位代理人」：在傳統銀行無法介入的地方，它提供了隱密性與流動性；在遭受金融制裁的國家，它成為資金轉移與貿易清算的備胎工具。

例如俄烏戰爭期間，烏克蘭政府接受比特幣與以太幣捐款，並將之轉換為軍需採購資金；同時俄羅斯部分富豪透過加密資產轉移海外資本，規避制裁機構監控。這些案例顯示，加密貨幣不但未脫離政治場域，反而成為地緣賽局中的戰術變項。

此外，部分國際非政府組織也利用加密貨幣對抗威權監

控,支援新聞自由、人權倡議與民主運動。這些行動固然擁有崇高價值,但同時也讓加密資產暴露在更敏感的國際政治風險中。

◇ 資本壟斷與平臺治理的集中化風險

去中心化的原始理想,亦逐漸被現實市場邏輯扭曲。大型加密交易所、礦池與投資機構掌握資產流通與價格話語權,例如幣安、Coinbase、Tether 等,實質上成為「中心化的平臺國家」,左右資金進出與社群治理。

這類集中化趨勢,讓加密資產的民主承諾變得蒼白,也讓政策制定者開始反問:「若加密貨幣並未實現去中心化的公共利益,卻攫取巨大金融權力,那它與傳統金融寡頭有何不同?」這正是當前討論加密貨幣去政治化神話破滅的關鍵所在。

◇ 臺灣的去政治化迷思與策略選擇

在臺灣,加密貨幣一度被年輕世代視為「對抗金融既得利益的技術工具」,但隨著詐騙、破產與泡沫頻傳,信任感大不如前。政府雖採取較為中性監理立場,但社會對其「是否支持創新」或「是否縱容資本投機」的評價兩極。

面對這一發展路徑,臺灣需重新思考:應將加密產業視

第七章　黃金、美元與數位貨幣：金融權力的新格局

為金融創新的延伸，還是另類政治經濟秩序的預演？監理制度不僅要考慮風險與合規，更要辨識其在地緣經濟與民主治理上的潛在影響力。

◇ 去政治化已死，透明化才是關鍵

當加密貨幣的全球規模已足以影響實體金融市場與社會結構，當「去中心化」成為治理真空的藉口，「去政治化」的神話便已無法持續。真正值得追求的，不是將技術排除於政治之外，而是將政治權力透明化、技術邏輯制度化。

我們需要的不只是去中心化的技術，更需要能問責的機制、能審議的框架與能被公眾理解的數位治理架構。只有如此，加密貨幣才不會成為下一輪金融特權的包裝，而是真正具備公共性與制度回應能力的技術革命。

第八節
央行、科技巨頭與未來金融架構之戰

◇ 技術霸權對央行權力的重塑挑戰

隨著金融科技迅猛發展，全球多數央行逐漸察覺：未來的金融主導權未必僅來自貨幣發行，而是來自對數據、平臺與基礎建設的全面掌握。科技巨頭如 Meta、Apple、Google 與 Amazon，已透過支付系統、數位錢包與加密資產試驗進軍金融服務領域，進而挑戰央行的地位。

央行原本是貨幣政策的唯一主角，但如今面臨來自技術企業的雙重壓力：一是用戶掌握力的轉移，二是資料運算與演算法能力的落差。當 Google Pay、Apple Wallet 等系統掌握數十億用戶的消費行為與資金流向時，央行在監理與預測上反倒逐漸失去主動權。

◇ 金融科技平臺的制度邊界模糊

科技企業主導的支付與資金平臺，日益成為類似「私人金融基礎設施」的存在。例如 Facebook 曾試圖推出 Libra（後改名 Diem）的全球穩定幣計畫，意圖建立一個不依賴國家、跨平臺的數位貨幣生態系，引發全球央行強烈反彈。

即便 Libra 最終胎死腹中，但其概念已喚醒各國警覺。

第七章　黃金、美元與數位貨幣：金融權力的新格局

當平臺能自己建構支付機制、清算邏輯與用戶行為分析，國家對貨幣流通的控制力將不再穩固。而科技平臺並非政治中立者，它們的決策往往由商業利益驅動，且缺乏公共性與問責制度。

◇ 區塊鏈與央行的主權重構競賽

面對挑戰，各國央行陸續推出 CBDC（中央銀行數位貨幣）以重掌數位貨幣發行與監理權。但 CBDC 若無法解決技術瓶頸與使用者體驗問題，仍可能在支付場景上落後科技平臺與 DeFi（去中心化金融）應用。

因此，央行開始投資研發區塊鏈基礎設施，並積極布局與科技企業合作的技術聯盟，以縮短與市場的距離。例如新加坡金管局推動的 Project Ubin，以及歐洲央行與 SAP、IBM 等科技廠商的合作試驗，即是央行試圖在制度正當性與技術執行力之間建立新平衡的具體實踐。

這也意味著，未來的金融體系將不再是央行獨大或科技企業全勝，而是多極混合治理結構的競合體。

◇ 臺灣處境：創新實驗與監管穩健的交叉點

臺灣雖尚未發行 CBDC，但已透過實驗平臺推動批發型數位貨幣模擬測試。同時，臺灣金管會也對科技業跨界進入

第八節　央行、科技巨頭與未來金融架構之戰

金融業提出明確規範,例如要求支付機構納入洗錢防制法監管、限制科技平臺從事存貸業務。

此外,隨著金融科技業者推出數位帳戶、保險科技、貸款撮合平臺等產品,臺灣監理機構面臨一項挑戰:如何在不抑制創新的前提下,維護系統風險控管與使用者權益?這要求監管者不僅熟悉法規,更要具備對演算法、公平性與平臺治理的理解。

◇ 未來金融秩序:制度信任與科技能力的對決

金融秩序的核心,過去是對國家信用的信仰;未來,則是對科技平臺制度穩定性的試煉。當人們的金流、信用與儲蓄都透過科技企業管理時,央行將失去的不只是工具,更是話語權。

但也正因如此,央行若能透過 CBDC、區塊鏈與 AI 風控工具重新建構金融公共基礎建設,則有望在新秩序中重拾領導地位。反之,若只是延續傳統職能,則將被市場淘汰於政策之外。

這是一場制度對商業、公共性對私利、長遠穩定對短期效率的拉鋸。金融的未來,既不屬於單一央行,也不應交給少數平臺,它必須是制度透明、技術可問責且全民可參與的共構成果。

第七章　黃金、美元與數位貨幣：金融權力的新格局

第八章
國際金融戰爭與主權的最後堡壘

第八章　國際金融戰爭與主權的最後堡壘

第一節　Swift 制裁與美元霸權的武器化

◇ 金融基礎建設如何變成地緣武器？

Swift（環球銀行金融電信協會）原是全球銀行間最基礎的跨境訊息與支付系統，連接超過兩百個國家的萬家金融機構。其初衷是促進交易透明與效率，但在 21 世紀後逐漸演變為一項政治工具。

自 2006 年以來，美國與歐盟便屢次利用 Swift 系統作為金融制裁的執行槓桿。2012 年對伊朗進行的 Swift 禁令，使其石油貿易與資本流動幾近癱瘓。2022 年俄烏戰爭爆發後，美國主導將俄羅斯多家主要銀行踢出 Swift 體系，此舉迅速凍結其在全球金融市場的流動性，形成空前制裁壓力。

◇ Swift 與美元霸權的結構綁定

Swift 雖名義上為中立機構，但其總部設於比利時，且受歐洲與美國監管。由於美元為全球結算與儲備貨幣，美國具備在美元支付通道中插手的實力。這種結構使 Swift 與美元清算網絡形成綁定，進一步加深其「制度霸權」本質。

換言之，一旦某國遭到 Swift 制裁，幾乎等同於被逐出美元經濟體系，無法參與全球貿易與資本市場。此種機制的高度集中性，也激起部分國家對其不對稱依賴的警覺。

第一節　Swift 制裁與美元霸權的武器化

◇ 制裁效果與副作用：短期奏效，長期侵蝕

Swift 制裁往往在短期內奏效，對目標國家造成資本撤離、貿易停滯與通貨崩潰等嚴重衝擊。但其長期副作用亦不容忽視：目標國往往加速金融獨立計畫，尋求替代支付機制，如俄羅斯開發的 SPFS、中國推出的 CIPS，以及伊朗與委內瑞拉間的黃金與加密貨幣貿易結算。

此外，部分中立國與開發中國家也對此制度性武器化表達不安。他們擔心未來因地緣政治變化成為制裁對象，導致對美元與 Swift 系統的信任出現裂痕。這種不確定性將促使全球交易系統朝更分散、多中心方向發展。

◇ 臺灣面對 Swift 制裁政治的戰略思維

臺灣作為高度出口導向經濟體，對 Swift 與美元體系具高度依賴。若未來區域局勢變動或遭遇政策誤判，遭遇系統性排除風險的衝擊將極為嚴重。政府與金融機構應提前研議多元結算與資金流通方案，如提升黃金儲備比重、參與數位支付標準制定、建構亞太區鏈上清算協議等。

另方面，Swift 也非唯一風險來源。其他如美元對我國外匯政策的影響、外資大舉撤離風險、全球避險性資金變向，皆應納入國家金融安全框架，重新定義「戰略貨幣依賴度」指標。

第八章　國際金融戰爭與主權的最後堡壘

◇ 金融制裁的未來：從一極壓制走向多極博弈

Swift 與美元的制度結合讓美國得以將金融政策升級為戰略武器，但此模式也日益暴露其極限。隨著數位貨幣、CBDC 與區塊鏈清算平臺崛起，未來金融戰場將從「系統排除」轉向「架構對抗」。

若各國成功建立區域型或鏈上替代體系，Swift 的壟斷地位將被逐步稀釋。未來的金融戰爭將不再是簡單地「拔掉插頭」，而是關於誰能掌握更多基礎設施、誰的制度能獲得更廣泛信任與合作。在這場主權與流動性的最後對決中，制度設計與風險治理，將決定誰能撐到最後。

第二節　資本戰爭中的非對稱攻防

◇ 資本流動如何成為戰爭武器？

在當代戰爭與國際衝突中，資本早已不僅是經濟活動的媒介，而成為國家之間進行非對稱攻防的核心工具。相較於傳統軍事對抗，資本戰爭講求隱蔽性、持久性與多層次滲透，其手段包括匯率操控、股市狙擊、金融間諜、熱錢出入與外資政治化等。

此類操作尤其在開放經濟體中效果明顯，當一國金融市場高度依賴外資流動、貨幣匯率無法有效穩定時，外部力量即可利用投機與心理戰影響市場信心，進而對內部政策造成干擾。例如1997年亞洲金融風暴、2015年人民幣匯率震盪，皆是典型案例。

◇ 熱錢與短期資本的戰略破壞力

所謂「熱錢」（Hot Money）指的是流動性極高、目的為短期獲利的國際資金，它們往往透過套利、槓桿與演算法交易進入高成長市場，再於情勢不利時快速撤出，對匯率與資本市場形成極大衝擊。

在許多新興國家，熱錢的進出不僅影響股匯市，更牽動中央銀行利率政策與外匯儲備調度。一旦市場預期熱錢將出逃，可能引發恐慌性拋售與資本逃亡，導致本國貨幣重貶、

第八章　國際金融戰爭與主權的最後堡壘

企業債務違約與經濟硬著陸。

這種非對稱攻擊的可怕之處在於，它既非軍事行動、也不易定義為敵對行為，往往由金融機構與投資人發動，但其後果卻深刻影響國家金融穩定與主權運作。

◇ 國家如何反制資本滲透與干預？

為應對資本戰爭，各國採取多種手段強化防禦。其中包括實施資本管制（如南韓對短期外債課徵稅金）、設立主權財富基金對抗外資收購（如挪威政府全球養老基金）、建立逆週期緩衝機制（如新加坡金管局的貨幣穩定政策），並強化金融情報與跨境資金監控。

此外，建立「金融戰略預警體系」亦成關鍵，例如印度儲備銀行與財政部設有交叉部門金融穩定監督委員會，專責監控國際資本動態與投資行為，提早發現潛在風險，避免外部衝擊迅速內爆。

制度透明、貨幣靈活與多元儲備架構也被視為關鍵防線。像瑞士與挪威等國，雖國土小但憑藉政策可信度與穩健金融管理，在資本攻防中具備高度抗壓性。

◇ 臺灣的非對稱金融戰風險

臺灣作為亞太地區高度國際化的經濟體，金融市場對資本流動極為敏感。根據金管會資料，2024 年臺灣股市外資持

第二節　資本戰爭中的非對稱攻防

股比重約達 40%，其中不少資金具備極高週轉率與短期操作傾向。

這使得臺灣在遭遇區域政治風險或國際資本市場波動時，容易出現大規模資金撤離與股匯市場失衡現象。此外，在美中關係緊張之下，部分外資動向可能已帶有政策考量與非市場性意圖，對臺灣金融穩定構成中長期風險。

因此，臺灣除應加強資本流動監控與交易透明性，也須建立「金融戰時模擬機制」，結合中央銀行、國安系統與市場參與者，進行資本突擊模擬與緊急對應規劃，避免單點風險轉為系統性危機。

◇ 資本主權的未來設計課題

當資本可自由流動、交易可瞬時完成、資訊可全球同步傳播，國家的金融主權與風險控管能力將面臨前所未有挑戰。傳統以關稅、法律與邊界為主體的政策工具，在面對高速流動的資本浪潮時，已顯力不從心。

未來的資本戰爭，不會以宣戰或明確對抗形式出現，而是以套利、預期操作、信用打擊與科技操控的方式，隱蔽滲透、反覆測試國家韌性。在這場無聲的戰爭中，誰能建構更有彈性、更具預警力的金融制度與市場文化，誰就有機會保住主權的最後堡壘。

第八章　國際金融戰爭與主權的最後堡壘

第三節　貨幣主權的國際政治意涵

◇ 從鈔票到戰略：貨幣主權的再定義

傳統上，貨幣主權被視為國家治理的核心象徵之一，代表一國政府擁有印製與發行本國貨幣的唯一權力。然而，在全球化與數位化的雙重夾擊下，貨幣主權的意涵早已突破國內範疇，成為地緣政治與國際戰略的角力場。

貨幣政策不再僅是內部經濟管理工具，而是用來影響、拉攏、懲罰或排擠他國的重要手段。匯率操控指控、外匯儲備武器化、金融制裁與貨幣結算協議，皆屬於主權國家在國際場合透過貨幣進行的策略部署。這種由內轉外的轉變，重新界定了「國力」與「貨幣」之間的結構性關係。

◇ 美元體系的外部主權干預效應

美元作為全球儲備貨幣與貿易結算主軸，其影響力已遠遠超出美國國內邊界。透過其央行政策、金融制裁與美元清算網絡，美國實際上具備干涉他國經濟政策的能力。例如：美國升息不僅影響本國通膨與失業，也能引發新興市場資金外逃、貨幣貶值與債務危機。

此外，美元體系也使得其他國家在制定本國貨幣政策時，必須納入聯準會政策考量，形成一種「被動從屬」結構。

第三節　貨幣主權的國際政治意涵

這種安排雖提升了全球資本效率與交易便利，卻也稀釋了他國對自身貨幣體系的完全主權掌控。

◇ 新興強權的主權貨幣突圍路徑

面對美元主導體系的不對稱現實，中國、俄羅斯與伊朗等國紛紛提出「貨幣主權重建」的戰略構想。中國推動人民幣國際化，透過一帶一路、CIPS 清算系統與石油結算協議，在特定區域建立人民幣交易生態系。

俄羅斯則積極去美元化，增加黃金儲備、使用盧布與人民幣雙邊結算，嘗試建構「去美元結算圈」。這些行動不僅是貨幣選擇的多元化，更代表主權戰略的重分配：誰能在金融基礎建設、交易習慣與儲備信心上建立體系，誰就能在地緣經濟中奪回自主權。

◇ 臺灣的貨幣主權邊界與挑戰

臺灣雖擁有自主管理的中央銀行與貨幣政策，但由於新臺幣尚未實現國際化，其政策空間仍高度受限於美元體系與國際投資者動態。舉例而言，新臺幣匯率操作常需考量外資流動與出口競爭力，不易完全依據內需與通膨條件作彈性調整。

再者，臺灣對美債與美元儲備的依賴，使其在全球資本重組過程中，需面對多重制度與政治壓力。如何在維持穩定與提升主權之間取得平衡，成為未來重要政策議題。

第八章　國際金融戰爭與主權的最後堡壘

◇ 貨幣主權的未來：制度、科技與信任的戰場

未來貨幣主權的爭奪將不再只是印鈔權與利率權，而是關於誰能建立最具信任與效率的金融制度架構。CBDC、區塊鏈清算系統、數位黃金與去中心化穩定幣等新興技術平臺，將成為國家擴張或維護貨幣主權的新戰場。

在這場制度競賽中，政策透明性、用戶隱私保障、跨境互通能力與網絡效應，將決定哪個貨幣體系能獲得全球信任。而主權，將不再是強制的權力，而是由使用者與市場自願選擇的結果。

第四節　臺灣如何維持金融安全邊界？

◇ 內外挑戰並存的金融安全議題

臺灣作為亞太地緣政治的核心樞紐，其金融安全早已不再是單純的經濟事務，而是深度嵌入國安框架之中。在外部，美中金融戰爭的升溫、全球去美元化浪潮的衝擊，以及美元體系可能劇烈震盪的前提下，臺灣的外匯儲備、主權信用、清算體系與資本流動都面臨潛在壓力；在內部，則有資本市場結構偏重短期套利、金融科技與監管脫節，以及人民資產配置失衡等問題。

特別值得警惕的是，當前全球金融風險常以非傳統方式滲透──如制裁性的 Swift 排除、技術封鎖、資本突襲等形式，這些非對稱性攻擊對一個尚未完全實現貨幣國際化、又高度依賴出口與外資的經濟體來說，衝擊尤為劇烈。臺灣若要維持金融安全邊界，必須從體制韌性與策略預備雙重角度思考。

◇ 強化貨幣政策獨立性的制度工事

首先，臺灣需持續強化貨幣政策的獨立性與彈性。現階段中央銀行雖維持相對保守的利率與匯率政策，但過度依賴美元與聯準會利率週期的同步化，導致政策調整空間壓縮。面對未來可能更頻繁出現的全球性貨幣動盪，臺灣需逐步調整對美元

第八章　國際金融戰爭與主權的最後堡壘

儲備過度集中之風險，探索多元儲備組合，例如擴增黃金與非美貨幣部位，並強化對跨境熱錢流動的即時監控能力。

此外，為避免境外資金迅速進出造成匯率與股市異常波動，中央銀行與金管會應建立更為精密的逆週期資本控管工具，如宏觀審慎監理框架、外資投資警示系統，以及特定產業的資本避險機制。這些制度性緩衝區的存在，是面對突發外力衝擊時穩定信心的基礎工程。

◇ 構建在地清算與金融韌性基礎

一國金融安全的根本，在於清算能力與資金流的可控性。目前，臺灣絕大多數國際貿易結算仍以美元為主，人民幣與其他地區貨幣僅占少數比重。這不僅導致臺灣高度依賴美元清算系統，更增加面對國際制裁與技術斷鏈風險的脆弱性。因此，政府應推動建立具獨立性的在地跨境清算平臺，或與友好國家共建區域性貨幣結算系統，降低對 SWIFT 的單點依賴。

同時，金融韌性的另一項關鍵在於資料與科技安全。面對金融科技滲透加劇，臺灣應加強監理科技 (RegTech) 與金融科技 (FinTech) 的同步規劃。例如：提升央行在數位貨幣、分散式帳本與跨境支付應用上的主動投入與標準參與，讓臺灣在數位金融時代中不僅是使用者，更是制定者。

第四節　臺灣如何維持金融安全邊界？

◇ 民間資產配置與金融識讀的再教育

　　除了制度與系統的建設外，一個金融安全健全的社會也須仰賴全民的風險意識與資產防衛能力。目前臺灣個人與家庭資產配置仍過度集中於不動產與少數熱門股，忽略資產間的避險平衡與外部金融風險。政府應強化金融教育，不只針對學生，更應納入職場與高齡族群，培養民眾對於利率、匯率、債市、數位資產等金融變數的基本判讀能力。

　　尤其在資安與詐騙案件頻傳背景下，金融安全意識已非純知識性課題，而是社會安全的底線議題。透過公共政策、稅制誘因與教育推動，讓資產防衛與金融安全意識從中央到個人層面共同升級，才能構築真正具有內生韌性的防線。

◇ 臺灣的角色與中介優勢

　　在全球金融地緣秩序劇變中，臺灣也擁有不可忽視的區域中介角色。具備高度資訊透明、相對成熟的資本市場與科技創新能量，臺灣可在美中博弈之間，發揮中立可信的金融平臺價值。政府若能與亞洲其他民主經濟體共建區域資本市場聯盟、共享反洗錢與資訊申報系統，將有助提升臺灣在國際金融秩序中的制度聲望與談判籌碼。

　　進一步來說，臺灣還可強化與新興區域金融基礎建設計畫的接軌，例如東協、南亞與非洲國家，作為其數位金融轉

第八章　國際金融戰爭與主權的最後堡壘

型的合作伙伴與標準供應者,藉此鞏固自身在全球金融供應鏈中的戰略地位,從「邊陲被動者」轉化為「區域策動者」。

◇ 穩健應變與制度備援的戰略縱深

總體而言,臺灣的金融安全挑戰來自於其高度全球化與地緣政治敏感性,在國際貨幣戰爭持續升溫的未來,必須有更多制度備援與長期戰略準備。從擴充儲備組合、提升貨幣政策彈性、建構自主清算平臺,到強化全民金融素養與科技防禦能力,每一項都是保障主權與穩定的關鍵工程。

臺灣無法改變全球秩序,但能決定自己的制度設計與回應節奏。唯有以長期、跨部門且具社會共識的策略,臺灣才可能在這場失控的金融變局中,守住屬於自己的安全邊界。

第五節
人民幣結算能源與跨境清算系統挑戰

◇ 能源交易的貨幣轉向：人民幣的新角色

近年來，人民幣在國際能源貿易中的角色日益顯著，尤其在俄烏戰爭爆發後，西方對俄制裁引發部分產油國尋求去美元化替代結算機制。沙烏地阿拉伯與阿拉伯聯合大公國等國在中國石油採購合約中逐步接受以人民幣計價，引發全球能源結算體系的結構性轉變。這不僅是技術上的改變，更是地緣金融秩序中的一次再平衡。美元作為全球儲備與能源交易貨幣的壟斷地位，正面臨來自東方的新挑戰。

這場貨幣轉向的核心驅力，是多國對美國濫用美元結算權限進行金融制裁的戒心加深。人民幣結算的優勢在於相對穩定、可控，並能與中國主導的結算機構配套運作。然而，問題也不容忽視。人民幣尚未實現完全可兌換，外匯市場缺乏深度與流動性，且國際信任度仍有限，這使得其作為能源貨幣的實用性與擴散性受到制約。

◇ CIPS 與 SWIFT 的交鋒：跨境清算的戰略布局

跨境金融清算的本質，是掌握全球資金流的通道權力。目前，全球多數跨境支付依賴 SWIFT 系統，而該系統由比利

第八章　國際金融戰爭與主權的最後堡壘

時營運、受美國金融制裁政策影響深重。中國因應此一脆弱性，推出人民幣跨境支付系統（CIPS），試圖打造一套自主、非美元導向的清算機制。

然而，CIPS 的推廣進展相對緩慢。截至 2023 年，該系統仍高度依賴 SWIFT 進行通訊協定支援，實現獨立運作尚待時日。更關鍵的是，多數國際銀行出於風控與合規考量，對接 CIPS 的動機仍顯不足，使其難以形成如 SWIFT 般的網絡效應。臺灣作為貿易導向經濟體，必須審慎評估自身對清算系統的依賴度，避免在美元或人民幣體系間進退失據。

◇ 臺灣的清算選擇：風險、機會與政策應對

臺灣雖非人民幣離岸中心，但與中國貿易關係密切，對於人民幣結算趨勢不容忽視。目前臺灣在人民幣計價的跨境貿易仍屬少數，主要集中在特定銀行與企業之間的雙邊協議。若未來人民幣逐步擴展在能源、原物料或科技設備中的計價比重，將迫使臺灣企業與銀行同步進行系統調整與風險評估。

另一方面，政府可透過策略性監理架構與金融創新試驗區，觀察與試行部分人民幣清算應用，建立政策安全網，避免陷入體制性依賴風險。更進一步，臺灣可思考是否與其他非美元導向國家協力發展多邊貨幣結算平臺，藉由區域聯盟方式分散單一系統風險，提高金融體系的抗壓彈性。

第五節　人民幣結算能源與跨境清算系統挑戰

◇ 人民幣國際化的結構障礙

雖然中國推動人民幣國際化已行之有年,但要成為真正具備系統性貨幣地位的國際通用結算工具,仍面臨三大障礙。首先是資本專案尚未全面開放,外資進出仍受控於嚴格審批與限額;其次是中國金融監理制度尚未透明化與規則化,市場缺乏足夠法治保障;最後是地緣政治疑慮,使部分西方國家與金融機構對人民幣資產採保留態度。

這些結構障礙讓人民幣雖有政治加持與貿易基礎,卻難以完全取代美元功能。因此,即便在能源貿易中開啟部分去美元化窗口,長期而言人民幣能否真正進入「主貨幣陣營」,仍取決於制度改革與信任重建的進程。

◇ 國際貨幣秩序的多極化轉折

總體來看,人民幣在能源與清算市場的崛起不僅僅是技術性問題,而是全球金融格局多極化的表徵。在美元仍具壓倒性優勢的背景下,人民幣的擴張行動顯得策略性濃厚。臺灣身處其間,既不可忽視東方貨幣勢力的崛起,也不可貿然脫鉤於既有美元體系。唯有透過靈活的清算策略、系統性風險控管與制度備援安排,臺灣才能在全球貨幣戰爭的板塊漂移中,維持金融穩定與主權自主的平衡節奏。

第八章　國際金融戰爭與主權的最後堡壘

第六節
以債為兵：開發中國家的脆弱地位

◇ 債務依賴的歷史陷阱

開發中國家長期仰賴外部借貸支撐基礎建設與經濟轉型，形成對主權債的深度依賴。尤其自 1970 年代石油危機與美國利率大幅升高後，國際資金大量湧入高利貸款市場，讓眾多南方國家陷入所謂「債務陷阱」。儘管多邊金融機構如世界銀行與國際貨幣基金組織提供援助計畫，但多數以緊縮條件、財政紀律與結構調整為前提，實際效果常適得其反，加深社會貧困與主權削弱。

2020 年以來，新冠疫情造成全球經濟活動斷裂，各國為維持基本開銷與醫療支出再度大量舉債。根據 2023 年數據，低收入與中低收入國家中，有超過 60% 國家債務水位已達到或接近違約門檻，引發國際社會對「下一波債務危機」的警報。

◇ 資金來源與政治交換：援助還是勒索？

在全球利率波動與美元回流效應影響下，開發中國家的融資來源日趨集中於雙邊貸款與政治導向投資。一方面，中國的一帶一路倡議大舉針對基礎建設輸出貸款與技術，但條件往往以資源交換或國有資產質押為核心。另一方面，美國

第六節　以債為兵：開發中國家的脆弱地位

與歐盟亦透過「民主資本」機制向部分友好國家提供融資，但隨附政策規範與安全合作條件，實質上成為地緣競爭中的金融工具。

這些援助表面上有利建設，實際上卻常轉化為政治影響力延伸與主權行為的限縮，特別是在資源出口與對外政策上的選擇空間。當債務國陷入償債困境時，信評下調、資本外逃與貨幣貶值迅速疊加，形同「債務殖民」的新形式。

◇ 債務工具化與結構性失衡的惡性循環

開發中國家債務結構普遍以美元計價，無法使用本幣籌資或展延。這導致其貨幣政策空間被鎖死，需依賴外部環境變動，被迫調升利率與削減支出，進一步抑制內需與產業投資。在此過程中，債務市場演變為外資獲利平臺，而非融資與成長的催化劑。

更甚者，一些國際金融機構與避險基金甚至專門購買瀕臨違約的主權債，再透過法院訴訟要求全額償付，俗稱「禿鷹基金」策略。這種行為雖屬法律操作，但在道德與制度層面引發廣泛爭議，也反映出當前全球金融規則設計對開發中國家極度不利。

第八章　國際金融戰爭與主權的最後堡壘

◇ 臺灣在南向政策下的金融角色

身為亞洲中型經濟體，臺灣雖非主要貸方國家，但在推動新南向政策與區域合作時，也面臨如何平衡經濟參與和金融倫理的問題。若臺灣企業或公部門參與對東南亞、南亞等地區的投資與放貸行為，應建立風險審查與人權影響評估機制，避免成為新型經濟剝削的媒介。

臺灣亦可在全球債務改革倡議中扮演「信任中介」角色，推動區域債務重組機制、促進透明化與債務可持續性評估標準，協助合作國家跳脫高利與短期財務壓力，發展在地金融韌性。

◇ 走出殖民陰影：主權重構的思考方向

未來開發中國家若要擺脫以債為兵的制度性陷阱，需從多方面重建主權：包含推動本幣資本市場、提升稅收自立性、改善治理透明度、限制不當外部干預等。同時，國際社會亦應重構債務處理框架，使違約不再等同主權崩解，而能兼顧經濟恢復與社會穩定。

「以債為兵」不僅是金融策略，更是結構性不平等的延續。除非制度設計真正回應南方國家的發展需求與主體性，否則這場戰爭只會換上新標籤，繼續在全球資本邊界上上演不對稱的衝突劇本。

第七節　IMF 與多邊機構的新角色？

◇ 從經濟調整到政策干預：IMF 角色的歷史轉折

國際貨幣基金組織（IMF）與世界銀行等多邊金融機構，長期扮演全球經濟穩定的守門人角色，尤其在開發中國家面臨金融危機時提供援助與融資。然而，這些援助多半附帶結構性調整方案，例如削減補貼、緊縮財政、推動市場自由化等政策要求，實質上形成強制性經濟改革工具。

1980 年代至 2000 年間，IMF 援助政策廣泛套用新自由主義經濟學框架，被批評過度強調市場效率，忽視社會安全與在地經濟脈絡。阿根廷、印尼與希臘等國的債務危機處理歷程，皆暴露多邊機構在政策處方上的高度同質化與政治偏向，引發援助效果爭議。

◇ 疫後新局：多邊機構的功能調整

新冠疫情以後，全球經濟風險性質出現結構轉變，金融不再是唯一核心議題，供應鏈安全、醫療基礎建設、數位轉型與氣候衝擊成為新興挑戰。在此背景下，IMF 與世界銀行也被迫調整功能與目標，逐步從單純金融援助者轉為政策倡議者與制度設計者。

例如：IMF 啟動「韌性與永續信貸機制（RSF）」，提供會員

第八章　國際金融戰爭與主權的最後堡壘

國資金以支援氣候變遷與未來風險因應；世界銀行則強化對數位基礎建設與疫情防備計畫的資金配置，強調長期復原與社會包容性發展。這些轉向反映多邊金融機構面對國際格局轉變的回應，也顯示其功能正從「危機處理者」邁向「規則推動者」。

◇ 貧富國之間的權力不對等仍在

然而，多邊機構內部權力結構並未根本改變。IMF 的投票權依據出資額設計，美國獨占最大話語權；世界銀行總裁一職長期由美國提名，亦被視為西方陣營維持制度主導權的象徵。這種治理架構不僅限制全球南方國家在制度建構中的參與，也加深其對援助機構信任赤字。

此外，多邊機構的信貸標準與風險評估模式，多以先進經濟體經驗為模型，缺乏彈性與地方知識整合能力，導致援助實施效果有限，甚至出現政策錯置與社會不穩因素升高。

◇ 臺灣作為非會員國的策略選擇

臺灣並非 IMF 或世界銀行會員，參與多邊機構受到地緣政治限制。然而，臺灣透過技術合作、國際捐款與亞太地區雙邊金融援助，實際上已具備部分準多邊影響力。例如透過臺灣國際合作發展基金會（ICDF），參與非洲與中南美洲的農業金融與教育貸款計畫，即為臺灣運用軟實力介入多邊議題的重要管道。

第七節　IMF 與多邊機構的新角色？

未來臺灣應評估如何在新型多邊機制中尋求更深參與，如亞洲基礎設施投資銀行（AIIB）之外的區域倡議體系、國際綠色金融平臺、氣候調適信託基金等，尋找制度縫隙，成為可信賴的非集團型中介者。

◇ 多邊主義的新典範：公平、韌性與共構

未來多邊金融機構若要維持正當性與實效性，須回應三大方向：一是公平性，透過治理改革讓新興經濟體擁有實質決策影響力；二是韌性，協助各國建立主體性風險控管能力，而非提供短期資金輪轉機制；三是共構性，強調當地知識、社會網絡與政策參與機制的融入，擺脫自上而下的干預式傳統模式。

IMF 與多邊機構不應只是全球資金的「消防隊」，而是全球制度穩定的合作者與創新者。在這個去中心化與多軸力量崛起的時代，全球治理不再靠單邊霸權，而是仰賴制度間的協調與信任重建。這正是多邊金融體系新角色的根本挑戰與機會。

第八章　國際金融戰爭與主權的最後堡壘

第八節　金融外交的未來想像

◇ 金融即外交：新世紀的權力再編語言

金融從來不是純經濟領域的技術語言，而是現代國際外交的第二語言。當傳統外交失靈、軍事手段受限，資金流向與貨幣體系的主導地位，就成為國家意志的延伸手段。無論是對特定國家的金融制裁、針對新興市場的熱錢操控、或對開發中國家的援助包裝，這些策略皆展現出「金融外交」正在成為當代國家策略的重要組成。

面對此一趨勢，金融外交也逐漸從單邊手段邁向雙向協商與多邊架構的競技場。在此過程中，制度建構、信任管理與科技應用變成外交策略的核心支柱。例如：透過主導跨境數位支付標準、推動綠色金融框架、或建立央行數位貨幣（CBDC）間的協定模式，金融政策不再是事後反應，而是前線戰略的實驗場。

◇ 國家利益與金融倫理的邊界

金融外交的擴張也帶來一項核心張力：國家利益與全球正義之間的邊界模糊化。當某一國家以「反洗錢」、「穩定市場」為由凍結資產或阻斷清算機制時，實質上可能是對另一國施加壓力的策略操作。而對外援助中的融資條件、幣別選

第八節　金融外交的未來想像

擇、監理標準等,也可能暗藏地緣政治交換意圖。

這使得未來的金融外交必須更強調透明度、倫理與治理框架。對民主國家而言,如何在擴展利益的同時維持國際信任與制度合法性,將是一大考驗。反之,若僅以金融技術作為控制工具,將加深全球南方國家的不滿與對抗情緒,甚至產生制度碎裂的反制效應。

◇ 中型經濟體的新機會

過去的金融外交由美歐主導,但在數位技術下沉與金融架構開放之後,中型經濟體有了更多施展空間。臺灣即是此類例證之一。雖非國際主要貨幣發行國,卻擁有成熟金融基礎、高透明制度與科技創新力,足以成為國際金融互信平臺的節點型參與者。

臺灣可強化與新興民主國家之間的「去美元化合作場域」,例如推動區域清算系統、支援低碳經濟融資,或提供數位資產監理標準諮詢。這些非對抗性金融外交手段,不僅提升制度話語權,更能擴張「可信賴夥伴」的國際形象。

◇ 未來金融外交的核心工程:制度聯盟與技術治理

未來金融外交的核心不在於單筆貸款或資金調度,而是制度的連結與標準的擬定。誰能提供低摩擦、高安全性且具

第八章　國際金融戰爭與主權的最後堡壘

彈性適應力的金融架構,誰就能吸引制度附著力。這將使「制度外交」取代「金額外交」,成為新時代的力量競技場。

此外,AI 與區塊鏈等新興技術正改變國與國之間的信任分配機制。例如:透過智慧合約強化跨境金融交易的可驗證性,或以分散式帳本降低清算依賴風險,都可作為未來金融外交的技術基礎設計。金融不再只是手段,更成為制度本身的容器。

◇ 以信任為槓桿的未來布局

金融外交的未來想像,不再是一場由大國單方面定義的對話,而是一場以制度穩定、標準制定與技術信任為核心的多邊賽局。臺灣應擺脫純資金輸出的舊思維,走向金融治理輸出的新階段。唯有如此,方能在全球金融秩序快速重構之際,打造屬於自己的話語場域與安全邊界。

# 第九章
危機從未結束：
系統性風險的循環再現

第九章　危機從未結束：系統性風險的循環再現

第一節　危機的重複與規模的放大

◇ 危機週期的制度記憶缺失

金融危機之所以能夠週期性重演，根本原因在於制度記憶的缺失與短期修復思維。從 1987 年股災、1997 年亞洲金融風暴、2000 年網路泡沫、2008 年次貸危機，到 2020 年新冠疫情與 2023 年美國地區銀行倒閉風潮，每一次危機似乎都有其特殊觸發點，然而深入分析不難發現，它們皆源於市場過度槓桿、監管寬鬆、資產泡沫與資訊失衡的共通模式。

制度與市場之間存在一種「記憶落差」：一方面，監理機關習慣在危機後倉促推出修補式政策，缺乏對深層誘因的結構性修正；另一方面，市場參與者則在危機過後逐步遺忘風險、回歸貪婪，形成下一波槓桿循環。這種記憶斷裂，讓金融危機不僅無法根治，反而在每一輪週期中累積風險，使後續爆炸點來得更快、更大。

◇ 槓桿化體系下的風險放大器

現代金融體系高度槓桿化與金融創新並進，使得風險不再單純由資產本身承擔，而是透過衍生商品、結構性商品與影子銀行擴散至整體市場。舉例而言，2008 年美國的次級房貸問題原僅限於房地產信貸市場，卻因資產證券化與信用違

第一節　危機的重複與規模的放大

約交換（CDS）機制，轉化為涵蓋保險、投資銀行與全球機構投資人的連鎖危機。

在 2020 年以後，這類槓桿放大機制進一步延伸至非傳統領域，如加密資產平臺、私募信貸、DeFi（去中心化金融）與 ESG 衍生市場。這些新形態金融工具常脫離傳統監管邊界，風險轉移速度更快，疊加效果更強，一旦信心崩潰，將產生超越單一市場的全面性波動。

◇ 政策工具的疲乏與結構對抗

每次危機過後，央行與政府常以貨幣寬鬆與財政刺激作為首選工具，然而這些政策在連續十數年的使用下已逐漸失效。當利率接近零甚至負值，資金成本再低也難以刺激實體經濟，反而進一步推升資產價格、加劇不平等，讓經濟復甦停留在資本端，而非消費與就業端。

更值得注意的是，政策工具的疲乏反映出治理能力的結構性匱乏。央行政策失靈之際，財政政策又受限於政黨政治與債務天花板。特別是在制度脆弱國家，如部分新興市場或分裂治理下的成熟經濟體（如美國），即便面臨系統性風險，也可能無法快速形成有效應對聯盟。

第九章　危機從未結束：系統性風險的循環再現

◇ 全球化體系下的連鎖效應升級

在高度全球化的今日，任何一個區域性危機都可能透過供應鏈、金融資本、政策共振等管道，迅速升級為全球系統性事件。2008 年雷曼兄弟倒閉引發的流動性危機，不僅重創歐洲銀行，也波及亞洲市場；2022 年俄烏戰爭觸發的能源價格震盪，間接使全球通膨升溫，加快升息週期，壓縮新興市場資金流。

這類連鎖效應的強化，使得金融風險管理不再是單一國家的內部問題，而需建構全球協作的「風險共管架構」。然而目前此類機制極不完善。IMF 與世界銀行雖具救助功能，卻缺乏即時預警與交叉市場監控能力。區域合作機構如亞太金融論壇、歐盟央行等亦各自為政，難以迅速回應跨區市場斷鏈。

◇ 危機規模放大的心理動力與資本文化

除了結構因素外，危機規模不斷放大還與人類投資心理與資本文化的變遷有關。當代市場深受即時資訊與演算法驅動影響，投資者傾向追逐短期波動與 FOMO 心理（錯失恐懼症），忽略基本面評估與長期風險分散。

此外，金融媒體與社群平臺強化了群體決策與資訊擴散的同步化，形成所謂「心理泡沫」。一旦出現訊號性事件（如

第一節　危機的重複與規模的放大

企業倒閉、政策反轉或資產價格閃崩),市場恐慌會以數位速度放大。這種集體行為模式,使得每一輪危機的情緒波動幅度與影響規模明顯提升,進一步證明金融穩定已不僅是經濟問題,更是心理與文化議題的交織場。

在這樣的背景下,危機從未真正結束,只是以不同樣貌、不同領域重新出現。在高度槓桿與技術驅動的當代金融體系中,我們更應從根源性制度改革與跨領域協作出發,尋求對抗循環再現的結構性解方。

第九章　危機從未結束：系統性風險的循環再現

第二節
不動產泡沫與商辦資產的隱性炸彈

◇ 房地產熱的背後：資金逃逸的庇護所

長久以來，不動產被視為資本保值的安全港，特別在低利率與貨幣寬鬆年代，全球資金大量流入住宅與商辦市場，推升價格屢創新高。這種現象不僅發生在美國與中國一線城市，也蔓延至亞洲新興市場與臺灣本地，都出現「房價脫離所得基本面」的結構性泡沫。以 2023 年臺灣資料為例，全國住宅價格所得比突破歷史高點，雙北、新竹等地區更呈現結構性剝奪感，反映出不動產已轉為資本競逐戰場，而非民生居住工具。

資金之所以湧入不動產，正是因為其他投資工具報酬不穩，而房地產具有穩定租金、低波動、抵押再融資等多重優勢。然而，當房價脫離實體需求與租金支撐時，泡沫內化為系統風險，一旦利率反轉或經濟下滑，價格修正將成為連鎖風暴的引爆點。

◇ 商用辦公市場的「冰山效應」

與住宅市場相較，商辦市場的風險更隱蔽、更不易估量。自疫情後遠距工作常態化，大型城市商辦空置率攀升，

第二節　不動產泡沫與商辦資產的隱性炸彈

特別是在美國舊金山、洛杉磯與紐約等城市，空置率在 2023 年達到近 20 年高點。企業收縮辦公空間、轉向彈性辦公與共用辦公室，使商辦市場需求急遽下滑。這一轉變雖然來得悄然，卻直接衝擊金融機構的資產負債表，因為許多商辦貸款在銀行帳上仍以過往高估價認列，形成所謂「冰山資產」：表面平穩，實際沉重。

當銀行對商辦房地產進行壓力測試時，若依據過往價值評估，將錯失風險真相。一旦出現違約或租金斷裂，銀行資本適足率立即受創，並可能引發信評下調、存戶提款潮與股價崩跌。這正是 2023 年矽谷銀行倒閉事件所揭示的本質問題之一：資產重估風險。

◇ 中國房地產風暴的外溢風險

中國大陸自 2021 年起接連爆發恆大、碧桂園等大型房企違約事件，顯示長期以來高度槓桿與政策性支撐的不動產市場正面臨根本性轉折。這不僅衝擊當地經濟，也波及外資持有的債券、REITs（不動產投資信託）與美元債務市場，使得全球投資人對新興市場的房地產曝險重新評估風險定價模型。

某些臺灣壽險與資產管理機構亦曾大量持有中國不動產債券與金融商品，一旦這類資產遭遇大規模下修，將對本土

第九章　危機從未結束：系統性風險的循環再現

金融穩定形成潛在衝擊。更進一步，港澳與東南亞地區的不動產市場也在此波風暴中連動下滑，形同亞洲資產市場的傳染病灶。

◇ 臺灣市場的脆弱點：預售屋與商辦風險交疊

臺灣不動產市場表面上仍屬穩健，然而隱性風險正逐漸集聚。首先，預售屋制度普遍採高槓桿、高投機的操作模式，許多購屋者並非實際自住，而是以短期轉手為獲利目標。一旦市場信心轉弱，斷頭潮可能同步壓低市場價格，引發連鎖違約。

其次，大型建商與商業銀行之間的信用連動性高，若一線建商資金鏈斷裂，可能牽動貸款逾期與票據市場的連環風暴。此外，臺灣多數商辦市場租金收益偏低，靠資本利得支撐價格，一旦資金退潮或外資撤離，將面臨估值重估壓力。

◇ 不動產金融化的制度反思

當前房地產已高度金融化，不僅是居住空間，更是抵押、證券化、避險與套利的工具。這種現象在全球金融資本流動中不斷強化，使得房價不再由居住需求主導，而由流動性主導。金融資本一旦撤出，將造成遠大於自然調整的崩壞效應。

第二節　不動產泡沫與商辦資產的隱性炸彈

　　制度上，我們亟需從以下幾個面向進行反思與改革：一是提升資訊透明度，避免虛高估值與虛假需求訊號；二是強化銀行資產品質分類，實施真實壓力測試；三是對預售屋市場與商辦貸款建立防火牆制度，避免信用風險擴散；四是引導資金流向長期穩定型公共住宅與社會住宅，扭轉資本過度集中現象。

　　房地產不是絕對安全的資產類別，它既是城市文明的載體，也可能成為下一輪危機的引信。唯有深層理解不動產金融化的系統性風險，並建立跨部門監理架構與制度緩衝器，才有可能避免泡沫轉為爆彈。

第九章　危機從未結束：系統性風險的循環再現

第三節　地方政府債與半主權風險

◇ 債務的灰犀牛：制度性積壓下的公共財政破口

地方政府債務問題長期以來被視為一種「灰犀牛」風險——存在已久卻被忽視。一方面，地方政府擁有部分主權、可發債、可自行籌資與舉債；另一方面，這些舉債並未由中央完全擔保，形成「半主權債」的模糊地帶。這樣的結構容易掩蓋債務真實水位，讓市場低估違約風險，導致資金配置與風險評估出現嚴重偏誤。

以中國地方政府融資平臺（LGFV）為例，其隱性債務規模驚人：截至 2024 年估計已達 60 兆人民幣，占 GDP 45％以上，若併入所有地方及中央政府債務，總額可能逼近 GDP 90％。這些資產主要投入於基礎建設與房地產，常缺乏足夠現金流來提供債務償還支撐。

美國部分州份則面臨完全不同卻同樣嚴峻的問題：養老金系統出現 1.4 兆美元規模的未融資負債，資金到位率約為 78％。特別以伊利諾伊州、紐澤西州及加州問題最為突顯，加州商用不動產稅收大幅下滑，也加劇了地方政府對資本市場波動的財政風險。

第三節　地方政府債與半主權風險

◇ 債券市場信任機制的脆弱根基

在主權債市場中，中央政府的償債能力被視為最終擔保，然而一旦主體為地方政府，信任基礎明顯下降。儘管多數地方債仍由國家信用背書，但投資人逐漸意識到「隱蔽保理模式」的不穩定性，尤其當中央不再無條件救援，或明確劃清財政責任邊界時，市場對地方債的風險定價將急劇上升。

2020 年以來，中國部分省市爆出準違約事件，引發債券二級市場波動。美國也因聯邦與地方財政爭議，導致基建法案卡關，削弱地方舉債能力。這些事例顯示，地方債正從「無風險資產」逐步轉變為需高警覺的信用商品。

◇ 偽市場化與資金錯配的惡性循環

地方政府往往倚賴國有企業或特定政策型機構進行「市場化融資」，如中國的城投債、美國的市政債券與地方發展債。但這些市場化外衣之下，實質上仍由公共資源與政策補貼撐場，且資金配置往往與長期發展脫鉤。

例如：中國地方官員為了推動地方 GDP 與升官誘因，許多地方政府傾向投入大規模建設與地產開發，忽略教育、醫療、基礎照護等長期生產力投資，形成「表面繁榮、結構貧乏」的財政樣貌。當利率環境反轉或中央資金緊縮時，這類

第九章　危機從未結束：系統性風險的循環再現

高成本、低收益的投資即刻陷入債務泥淖，形成不可逆的資金黑洞。

◇ 臺灣地方政府的潛在隱憂

臺灣雖無法與美中地方債務規模相比，但亦存在結構性問題。各縣市舉債空間有限，卻普遍依賴中央統籌分配款，導致財政自主性不足。部分縣市更透過編列隱性債務與財團BOT模式，將債務從帳面移除，形成「隱性負債」灰區。

此外，少子化與人口老化衝擊地方稅基，加上社福支出節節高升，未來地方政府將面臨財政持續失衡壓力。若缺乏制度性調節機制與透明財務報表，則恐難以掌控風險累積速度與規模，對整體財政穩定構成潛在挑戰。

◇ 防火牆建構與制度重構建議

為化解半主權債的結構風險，應從以下幾方面著手：

(1) 建立區分主權與地方債責任的清晰法規框架，避免市場對中央隱蔽保理產生過度預期。

(2) 推動地方債透明度提升，公開財務報表、償債進度與資金用途，讓市場可據以定價。

(3) 設置債務預警系統，建立超額槓桿的風險門檻，並要求高風險縣市進入「財政調整期」。

(4) 鼓勵永續投資導向的地方建設，如綠能、數位基礎設施與長照產業，逐步擺脫高槓桿、短期開發模式。

半主權債並非天生有害，但在制度不全與資訊不透明下，極易被用作資金槓桿與政治手段的工具。要讓地方債成為發展工具而非風險根源，關鍵在於制度防火牆與治理文化的重構。

■ 第九章　危機從未結束：系統性風險的循環再現

第四節　私人信貸市場的風險蔓延

◇ 非銀行金融的影子力量

過去十年，私人信貸市場快速成長，成為全球金融體系中重要卻不透明的一環。這些非銀行機構包括私募基金、家庭辦公室、保險公司及主權財富基金，它們以較低監理門檻、高槓桿與靈活條件，為風險較高、信用評等不足的企業與個人提供融資，形成所謂「影子信貸體系」。

這類機構雖然提升了市場資金效率與金融包容性，但也因其規避資本適足率、透明度與風險控管標準，逐漸累積出不容忽視的系統風險。根據 2024 年統計，全球私人信貸資產總額已逼近 1.7 兆美元，超過部分中型國家銀行體系的資產規模，且大多數資產標的為未上市公司與地區型開發案，一旦發生違約或信用事件，市場難以即時辨識與定價。

◇ 信用擴張與審查放鬆的雙重失衡

私人信貸機構在資產荒與高利率環境中尋求收益，導致信貸審查標準逐年鬆動。部分資金湧入新創企業、科技平臺與未上市不動產開發案，往往無法取得足夠營運歷史與現金流保證。加上機構之間存在激烈競爭，放貸門檻進一步降低，例如允許槓桿倍數高達 6 倍以上，或不需第三方擔保。

第四節　私人信貸市場的風險蔓延

這種信用擴張無形中創造了風險「時間差」：資金在短期內刺激企業估值與投資熱潮，但當現金流無法兌現、或遇上利率上升與市場收縮時，債務違約風險將急速回傳，形成放大效應。特別是在美國中型科技公司與歐洲房地產開發案中，這類問題在 2023 年已開始浮現。

◇ 交叉曝險與資產池流動性枯竭

私人信貸風險不僅止於單一借貸關係，更關鍵在於其與其他資產池的高度交叉曝險。許多信貸基金以抵押貸款、租金收益、不動產估值為擔保條件，但這些資產一旦價格下跌或流動性喪失，將使整個資產池陷入現金流枯竭，無法履約。

此外，部分金融科技平臺與區塊鏈金融專案更嘗試將私人信貸資產進行證券化或分拆型投資，進一步模糊風險來源。例如：以 NFT 形式出售借貸憑證、以穩定幣進行資金轉移，讓監理機關難以追蹤資金流向與最終受益人。這些技術包裝形式雖具創新意義，但也大幅增加市場錯判風險與流動性風暴可能性。

◇ 臺灣市場的潛在暴露點

臺灣私人信貸市場規模相對保守，但近年來已開始萌芽，包括壽險公司、創投基金與地方型資產管理公司，逐漸

第九章 危機從未結束：系統性風險的循環再現

涉足高風險貸款市場。尤其在科技新創、生技開發與都市更新三大領域中，部分項目實際收益率與風險報酬比不符，形成潛在資金斷鏈問題。

此外，臺灣資本市場中也出現模仿國際「另類信貸」的趨勢，如以資產池連結ETF、或設計類似CLO（擔保貸款債券）之結構性商品。這些商品若未納入清楚的風險披露與壓力測試，將難以應對全球信用環境變動帶來的壓力傳導效應。

◇ 監管思維的再進化：從機構到系統

應對私人信貸市場風險，傳統監理以機構為中心的做法已不敷使用。未來監理應轉向「金融系統風險量化模型」，即掌握信貸擴張的總體輪廓、跨機構曝險圖譜與違約時間軸，並針對關鍵節點設置預警機制與臨時風險干預權。

此外，金融監理應結合技術與資料科學，建立非公開信貸市場的即時監測系統，並推動全球資料標準化與資產分級透明化。對於臺灣而言，則可從風險揭露強化、信貸集中度限制與流動性管理著手，建立「有影子信貸、無影子風險」的制度邊界。

私人信貸市場的擴張，是金融自由化的自然結果，也是資本尋求效率的表現。但若無風險約束與制度規範，它將不再是資本活水，而是隱性雷區。

第五節　銀行監理失靈與壓力測試

◇ 危機的預兆：從矽谷銀行到區域性風暴

2023 年矽谷銀行（SVB）的倒閉事件震撼了全球金融市場，顯示出即使在高度監管環境下，監理制度依然存在「盲區」。該事件顯示監理單位未能及時掌握利率風險對資產組合的長期侵蝕，亦無法即時掌握存戶結構過度集中、高科技產業曝險過重等因素。這並非個案，美國數家地區型銀行亦在同年相繼爆發危機，說明銀行體系潛伏著「制度性失焦」的危險徵象。

在許多案例中，問題並非監理機制缺失，而是監理邏輯未能及時更新，導致制度遲滯於風險現實之後。監理工具雖完備，但其設定基礎仍仰賴常態市場假設，對於利率急升、資金快速外移、與商辦價格急速下修的「非常態環境」，缺乏對應能力。

◇ 資本適足率與風險加權的迷思

資本適足率長期以來是銀行穩健經營的重要指標，但近年金融商品複雜化導致「風險加權資產」的計算方式與實際風險偏離。舉例而言，商辦抵押貸款被視為低風險資產，但在疫情後空置率與租金跌幅劇烈，實際違約風險遠高於原本風險權數的認定。

此外，許多銀行透過內部模型（IRB）自行計算風險權數，

247

第九章　危機從未結束：系統性風險的循環再現

缺乏第三方審查機制，使風險低估成為常態。這些低估導致資本適足率表面良好，但實際無法吸收突發損失，特別在資本市場下行與利差壓縮下，銀行核心資本更容易遭遇流動性壓力。

◇ 壓力測試制度的形式化困境

壓力測試本應為前瞻性風險管理工具，但近年已淪為形式作業與合規手段。銀行多以中央監理機關設定的假設情境進行測試，忽略自身資產負債特性、產業曝險集中度與結構性脆弱點，導致測試結果與實際風險脫鉤。

更重要的是，壓力測試往往以靜態數據為主，缺乏「情境序列推演」與「連鎖反應模擬」功能。這使得一旦出現如2022～2023年般的多重風險事件疊加（升息、戰爭、能源價格波動、科技估值修正），壓力測試結果無法提供即時預警，也無法支援監理單位進行資本干預與風險干預。

◇ 臺灣金融監理機制的瓶頸與契機

臺灣長期以來維持良好資本充足水準，銀行體系健全，但也面臨數個制度挑戰。首先，國內壓力測試多依賴金管會設定基準，缺乏彈性與針對性設計，未能反映個別銀行的結構性差異。其次，對不動產曝險、壽險業海外資產集中、ETF槓桿產品的監理密度不足，未能即時掌握潛在脆弱點。

此外，臺灣資本市場雖小，但與國際金融連動度高。任

第五節　銀行監理失靈與壓力測試

何一場區域性或國際性流動性壓力事件，都可能透過利率市場、資產價格與匯率波動傳導至本地銀行，對存放比、資產負債期間錯配造成影響。若監理單位無法快速調整測試情境與預警門檻，將導致應對失序。

◇ 重塑監理架構：從技術模型到系統治理

面對壓力測試失靈與監理遲鈍問題，需從以下幾方面進行根本性改革：

(1) 引入「情境模擬鏈」技術，將壓力測試轉為動態推演工具，涵蓋利率、資本市場、地緣政治與產業鏈中斷等多維度風險。

(2) 建立跨部門「宏觀審慎風險預警中心」，統合央行、金管會與證交所資訊，提升風險通報與干預時效。

(3) 強化壓力測試與資本要求的連動性，讓測試結果不僅是資訊揭露工具，更可直接觸發資本補充要求與經營限制。

(4) 推動臺灣與國際監理機構協作，參與亞洲區域金融監理沙盒與資訊交換聯盟，避免資訊孤島化。

銀行監理不能只依賴過去的準則，更要建立前瞻性的動態防線。在變化快速與高度不確定的全球金融環境中，壓力測試與資本適足率不該只是制度象徵，而應成為動態風險治理的核心武器。

第九章　危機從未結束：系統性風險的循環再現

第六節　全球債務總額突破歷史天花板

◇ 債務時代的來臨：全球經濟的新現實

當今世界早已進入一個「永續債務」的新常態。據國際金融協會（IIF）2024 年中統計，全球債務總額已突破 315 兆美元，占全球 GDP 比重高達 335%，創下歷史新高。這不只是疫情後財政刺激與貨幣寬鬆的後果，更是三十年來「用債治經濟」策略不斷累積的結果。從政府到企業、從家庭到金融機構，各層級主體都依賴槓桿與信貸存活，形成無法逆轉的債務結構。

這種債務膨脹不再是短期現象，而是全球成長模式的制度性組成。政府發債支持就業與基建，企業借貸進行併購與股票回購，家庭透過房貸與消費貸撐起需求，金融市場則以此為基礎擴展資本商品。債務，不僅成為資金流動的媒介，更是資本主義邏輯中的核心樞紐。

◇ 超主權風險與債務政治的地緣化

在高度金融全球化體系中，一國債務從不再只是內政問題，而是一種超主權風險。美國作為全球最大債務國，其國債市場的任何波動都會引發資產價格劇震與貨幣流向逆轉。2023 年惠譽與穆迪先後下調美國信評，引發全球央行重估美元資產比例，並重新思考外匯儲備的配置策略。

第六節　全球債務總額突破歷史天花板

開發中國家情況更為嚴峻。許多國家在疫情期間依賴外債支持醫療、民生與進口補貼，但面對美元升息與本幣貶值，償債成本暴增，導致斯里蘭卡、迦納、巴基斯坦等多國出現債務違約風險。這種「主權債轉為國際政治武器」的趨勢日益明顯，尤其在地緣對抗升溫背景下，債務再融資常附帶政策與地緣條件，導致財政主權被邊緣化。

◇ 企業與家庭部門：沉沒於利息泥淖

不只政府，企業部門的債務壓力也日益沉重。2024年全球企業債總量逼近95兆美元，許多企業在零利率時期擴張過度，忽略利率反轉後的財務風險。一旦市場調整、現金流轉弱，便出現「債券違約潮」與「再融資困境」，中小企業尤受打擊。

家庭部門則在房貸與消費貸約束中苦撐，特別是在房價長期高漲與薪資停滯的結構下，民眾必須透過延長貸款年限、轉貸利息等方式支應日常支出。這種現象在臺灣、南韓與加拿大等高房價社會尤為明顯。當家庭債務占可支配所得比例突破臨界點，消費便失去成長動能，進一步削弱經濟基本面。

◇ 利率政策的兩難困局

面對龐大債務，中央銀行的利率決策變得愈加艱難。升息固然能打擊通膨，但也將加重債務負擔、壓縮政府財政空間與民間投資動能；降息雖可減輕償債壓力，卻可能引發資產泡沫、

第九章 危機從未結束:系統性風險的循環再現

刺激過度槓桿,重演 2008 年後的風險循環。這種兩難局面,使得政策工具日益失靈,貨幣政策逐漸失去穩定經濟的能力。

2022 ～ 2024 年,美國聯準會與歐洲央行多次調整升息節奏,亦無法明顯壓抑物價或提振實體經濟,反而陷入「升也傷、降也危」的戰略真空。債務總額的攀升,使貨幣政策被綁手綁腳,成為一個制度性困境。

◇ 建構新紀律:制度對話與債務治理的未來

在這樣的高債務時代,僅靠成長與通膨「消化債務」的傳統邏輯已不適用。未來的債務治理需依靠制度性創新,從國際協商、政策整合到金融工具改革,建立新的債務紀律與多邊合作框架:

(1)建議 G20 啟動全球債務透明與重組平臺,統合主權債、企業債與多邊機構貸款,防止碎片化處理導致市場失序。

(2)發展永續債與氣候債務互換機制,讓發債者可用環境或社會效益作為償還依據,降低純財務壓力。

(3)推動建立「償債能力基準」而非信評制度,讓債務定價更貼近真實財政能力與社會穩定性。

債務本身不是罪,過度依賴債務的經濟模型與治理邏輯才是風險根源。要突破全球債務的天花板,不能只是減債,而是要從制度上重塑一種與債共存、可持續、可監理的財政文明新模式。

第七節　臺灣資本市場的風險熱點分析

◇ 系統穩定與流動性幻象：
表面繁榮下的矛盾張力

臺灣資本市場近年在外資流入、半導體產業崛起與 ETF 爆發性成長的帶動下，展現出高度活躍的交易動能與市值擴張。然而，這場繁榮背後，卻隱藏著多重結構性風險與流動性錯覺。尤其在升息循環、外資重新平衡配置與內部產業轉型交錯下，臺灣市場正逐漸進入一個風險再定價的時代，需正視潛藏於結構深層的風險節點。

◇ 高權重背後的風險警鐘：
半導體依賴對臺股的系統性衝擊

2023～2025 年間，臺灣加權股價指數仍高度依賴半導體族群的表現，尤其是台積電市值占比屢次逼近或超過 30%，幾乎主導整體指數漲跌。根據統計，2024 年上半年台積電在臺股權重達 32%，此種權重結構使得整體股市對單一公司的業績與外部產業環境變化產生高度敏感性。

當全球半導體景氣從 2022 年起進入衰退週期，臺灣股市也同步受創。2023 年因消費性電子需求下滑，半導體庫存去化進度不如預期，導致台積電、聯發科等權重股營收與資本

第九章　危機從未結束：系統性風險的循環再現

支出雙雙調降，引發加權指數連續性修正，亦造成與其連結的 ETF（如 0050、0056）出現大量贖回與下跌壓力。

這種「單一榮景」所隱含的脆弱性，隨著 2023～2025 年間全球供應鏈持續分散、地緣政治衝突升高（如美中科技戰、晶片出口管制等），更加暴露出臺灣資本市場的結構性弱點。特別是美國《晶片與科學法案》導致部分國際訂單轉向美國本土或其他國家製造，對臺灣半導體業形成長線挑戰。

此外，2024 年 AI 伺服器需求雖一度推升先進製程訂單，但整體來看僅短暫緩解半導體業景氣衰退壓力。即便如此，半導體對 GDP 與出口貢獻度仍高達 37％以上，讓金融市場與實體經濟呈現「一體同跌」的結構聯動。

雖然主管機關鼓勵產業多元投資與 ETF 分散配置，但實務上，因被動式投資資金多集中於權重股主導的 ETF，2023～2025 年間，臺股 ETF 資金流入仍集中於追蹤大型權值股的商品，如富邦台 50、元大高股息等，使得整體市場流動性更進一步向單一產業傾斜，資本市場的風險承受能力因此降低下一波全球經濟浩劫。

總體而言，臺灣加權指數在 2025 年依然呈現產業高度集中、對單一企業過度依賴的結構性風險。雖然半導體是臺灣的重要競爭優勢，但從資本市場健康發展的角度而言，過度集中反而削弱了抗震能力。未來若無法在 ETF 設計、產業結

第七節　臺灣資本市場的風險熱點分析

構或政策誘因上進行分散化調整，任何來自外部的供應鏈中斷、地緣政治升溫、或技術替代的衝擊，都可能放大成整體市場信心的系統性危機。

◇ ETF 槓桿效應與散戶迷思

近年臺灣 ETF 市場規模爆炸式成長，其中槓桿型、反向型與高股息 ETF 尤受歡迎。雖有助於市場多樣性發展，但亦帶來兩大問題：一是市場波動時資金快速進出，造成非理性價格擠壓；二是散戶因誤解產品設計原理，常在高點進場、低點出場，加劇個體財務風險。

此外，多數 ETF 背後使用衍生性商品與大宗股票交易來追蹤指數，易在市場劇烈波動時引發流動性風險與清算壓力。2023 年 ETF 規模擴張雖提升了整體交易量，但也讓監理單位面臨「合規產品卻非合意投資行為」的監管難題。

◇ 地產金融聯動與非銀機構壓力點

臺灣壽險與投信業者長期偏好不動產相關資產配置，包含商辦大樓、REITs 與不動產抵押債券（CMBS）。在 2022 年以來利率反轉與租金下滑趨勢下，相關資產收益率下修，評價風險上升。

若部分不動產標的出現現金流不穩或估值重估，可能衝

第九章　危機從未結束：系統性風險的循環再現

擊壽險公司資產負債表，進而影響資本適足率與清償能力。此外，非銀行機構如票券公司、證券業者對高槓桿客戶曝險過深，也在景氣下行時放大財務風險傳導效應。

◇ 地緣風險與資金流向再平衡

地緣政治一直是臺灣金融市場無法擺脫的變數。每當兩岸關係緊張升溫，外資資金常出現快速流出，引發新臺幣走貶、金融股重挫與外資 ETF 大量贖回等連鎖效應。這不僅是情緒反應，也反映出臺灣市場外資占比偏高所帶來的風險承載特性。

在美中對抗結構化與全球供應鏈重組的情境下，資本市場的定位將逐漸從「高成長」轉為「高敏感」，而這種資金敏感性亦將放大資本市場的政策脆弱區。未來需思考如何提升內資占比、強化制度型投資人穩定性，作為避險外部不確定的核心戰略。

◇ 完備風險圖譜：制度韌性與資本配置的再思考

臺灣資本市場並非風險重災區，但其高集中、高流動與高依賴的三重特性，使其在外部震盪中呈現非線性反應。未來政策規劃上，應從以下面向提升制度韌性與風險分散能力：

第七節　臺灣資本市場的風險熱點分析

- 強化 ETF 透明度與投資人教育，對高波動產品設計啟動分級投資制度；
- 推動企業資本市場多元化，降低產業與市值權重集中度；

建立地緣政治金融風險模擬系統，將軍事衝突、制裁情境納入資本市場壓力測試；

鼓勵壽險與退休基金提升海外多元配置與避險工具使用率，減輕本地市場壓力集中。

資本市場是制度設計的鏡子。在全球不確定性擴大、風險複合化的當下，唯有深度理解市場運作邏輯與行為動態，臺灣才能建構一個既具韌性又具彈性的金融市場生態系。

第九章　危機從未結束：系統性風險的循環再現

第八節
危機管理的制度極限與逃生預案

◇ 危機重現的週期性宿命：制度疲乏的警訊

歷史告訴我們，每一次金融危機的爆發，往往都伴隨著一次制度的「局部更新」與一次市場的「選擇性遺忘」。制度改革從未真正觸及根本邏輯的更新，而逃生預案則常被視為「紙上演練」，缺乏在壓力情境下的實戰運作能力。從 1997 年亞洲金融風暴、2008 年次貸危機，到 2023 年美國中型銀行連鎖倒閉的風暴，全球金融體系如同一座周而復始的火山，既不穩定，也難以預測。

此種反覆循環本質，正展現出制度本身存在「設計盲區」：一方面，監理機制過於依賴過往數據與靜態模型；另一方面，制度回應常滯後於市場反應，導致處置機制難以應對當代風險的複雜性與快速傳播性。

◇ 臺灣制度準備的三重落差

臺灣在金融監理制度上雖有一定基礎，但當面對國際金融動盪與系統性衝擊時，制度準備仍存三大落差：一是監理部門間的協作斷層，銀行、保險、證券監管分工導致風險傳導難以整體預警；二是金融情境模擬與壓力測試缺乏跨部門

整合與科技運算支援，測試參數過於單線、欠缺連鎖情境推演；三是**市場逃生機制缺位**，缺乏對資本市場恐慌性拋售、存款大規模移轉等突發情境的動態應對手冊與資金備援系統。

例如：2023 年 ETF 市場出現資金過度集中與槓桿產品大規模贖回壓力時，監理機制未能即時設立風險燈號制度，也未建置臨時性交易調節措施，導致部分產品價格劇烈波動，引發投資人信心危機。

◇ 預案設計的現實困境：從法規到實操的缺口

逃生預案並非單靠一份文件即可實現系統保護。它需具備三層要素：一是即時判斷（包含演算法輔助警報）、二是快速啟動（涉及權責整合與決策簡化）、三是市場信心修復（需與央行流動性支援同步協調）。

然而，在現行臺灣制度中，多數預案停留在文件與流程層次，缺乏實際場景模擬與跨市場壓力測試演練。再者，當前行政分權文化仍使得金融監理、財政部門與央行各自為政，未能形成「整合型應變系統」，難以達成同步調度資金、訊息與風險訊號的目標。

第九章 危機從未結束：系統性風險的循環再現

◇ 國際案例啟示：制度整合與數位化關鍵

瑞士於 2023 年面對瑞信危機時，雖引發市場劇震，但瑞士監理機構與央行展現出高度協調的即時應變能力，透過超額流動性支援、明確收購預期與市場溝通，成功阻止危機外溢。其制度成功之處，在於將監理科技（RegTech）、大數據預警與政治決策高度整合，並透過場景模擬系統提前演練多種金融風險劇本。

臺灣若欲強化制度應變力，應仿效此類制度整合機制：

- 建立跨機構「國家金融風險應變中心」，統一金融監理、財政、央行與金管會行動架構；
- 發展風險感測演算法平臺，結合存款移動、ETF 贖回、資金流向等資料，提前提出危機燈號；
- 定期推動實境金融模擬演練，邀集大型金融機構、公股銀行、交易所參與場景推演，提升行動準備；
- 將「金融逃生路線圖」納入公開政策文件，讓市場清楚了解危機期間的流動性支援方式與優先次序。

◇ 危機不可預測，但可被緩衝：打造韌性金融地景

我們不能預測危機，但可以設計一個更具韌性的制度結構與行動框架，讓市場即便受創，仍有修復機制與信心鍊條維繫。

第八節　危機管理的制度極限與逃生預案

　　在高變動、高複雜、高心理敏感的金融世界裡，制度的任務不再只是「管理風險」，而是「設計韌性」。從資料處理、政策對話、應變節奏到投資人行為引導，每一個制度節點都需預留彈性空間與動態資源分配，才能真正讓臺灣在全球金融風暴中站穩腳步，不僅避災，更能反彈重生。

第九章　危機從未結束：系統性風險的循環再現

第十章
末日邊緣的選擇：
金融世界的未來可能

第十章　末日邊緣的選擇：金融世界的未來可能

第一節　主權貨幣的再定義

◇ 當貨幣不再只是紙本的問題

在 2020 年之後，全球貨幣體系迎來了自布列敦森林制度崩潰以來最劇烈的轉變。貨幣，不再僅是中央銀行背書的法定紙幣，而逐漸轉化為一場關於信任、科技與地緣政治的激烈角力。這一轉變的核心議題之一，即是「主權貨幣的再定義」。

從比特幣的興起、以太坊的智慧合約，到各國推動的央行數位貨幣（Central Bank Digital Currency, CBDC），貨幣不再只由傳統的政府與央行壟斷鑄造。2019 年 Meta（原臉書）推出的 Libra（後改名 Diem）計畫雖未成功，但其引發的震盪卻迫使各國央行不得不正視：如果他國科技巨頭能主導跨境支付，傳統主權貨幣體系將會失去其控制力。

◇ CBDC：數位主權的象徵與困境

根據國際清算銀行（BIS）2024 年報告，截至 2025 年中，有超過 135 個國家已進入 CBDC 的開發或實驗階段，其中包括歐洲央行的「數位歐元」、美國聯準會的「FedNow」實驗平臺，以及日本、韓國、巴西等國家的 CBDC 實驗。

央行數位貨幣本質上是一種直接由中央銀行發行的數位貨幣，其目的並非僅是技術創新，而是對主權控制力的一種

第一節　主權貨幣的再定義

重建。它賦予國家更直接的貨幣政策傳導工具，例如即時稅收收繳、有條件的社會補助、自動清算與反洗錢機制。但這同時也引發大量關於隱私、監控與政府濫權的質疑。

更進一步地，CBDC 的發展也推動了「金融基礎建設即戰略資產」的思維。例如中國的數位人民幣透過冬奧會測試、跨境電商應用，實際上已形塑出一套高度國家管控的數位金流網絡，而這樣的模型正吸引其他新興國家參考仿效。未來主權國家之間的經濟合作可能將不再依賴美元結算體系，而是透過區域性或雙邊數位貨幣直接交換。

◇ 主權 vs. 去中心化：加密金融的挑戰

在 CBDC 成為主流設計的同時，另一條與主權相對抗的路線仍然頑強存在 —— 加密貨幣。自 2021 年薩爾瓦多宣布比特幣為法定貨幣後，加密貨幣不再只是投機工具，而是部分國家挑戰美元霸權的實驗場域。阿根廷、奈及利亞等面臨高通膨與外匯管制的國家，也逐步轉向穩定幣（如 USDT）作為通用支付媒介。

根據 2024 年 Chainalysis 公司的加密採用報告指出，新興市場已成為全球使用穩定幣最多的區域，尤其在移工匯款、地下貿易與 P2P 信貸領域的滲透率達到歷史新高。這些交易常常繞過傳統銀行體系，使政府在資本流動與稅收監管上面臨極大挑戰。

■ 第十章　末日邊緣的選擇：金融世界的未來可能

而在美國，儘管美國證券交易委員會與財政部對幣圈監管趨嚴，但區塊鏈上的去中心化金融（DeFi）仍持續擴張。Uniswap、Aave等平臺已逐步提供傳統銀行業務中（如放貸、保險、抵押）的替代選項，挑戰主權貨幣「唯一結算媒介」的地位。

◇ 區域貨幣與數位集團的崛起

在當代金融秩序逐步去美元化的背景下，另一種主權重塑的方式，正由多國協同主導的「區域型數位貨幣」架構浮現。這種設計既非單一國家的中央銀行數位貨幣（CBDC），也非去中心化的加密貨幣，而是一種結合多邊清算、技術標準共構與主權貨幣多元性的新型機制。

以東協（ASEAN）為例，自2022年起，印尼、馬來西亞、新加坡、泰國與菲律賓等國積極推動「區域支付連結（Regional Payment Connectivity, RPC）」計畫，強調透過本地貨幣結算（Local Currency Transaction, LCT）機制，讓成員國在跨境交易時不再依賴美元作為中介。這項協議不僅強化了區域金融主權，也加速建立「多邊QR支付互通」的數位基礎設施，被視為區域型數位貨幣試驗的重要前哨。

在歐洲，歐洲中央銀行（ECB）自2023年起進入「數位歐元」實作籌備階段，廣邀德國、法國等核心會員國參與技術設計與政策諮詢機制。特別是在能源自主權與軍工產業的跨

第一節　主權貨幣的再定義

境資金流轉上，數位歐元被賦予新的戰略角色，不再僅僅是單純替代現鈔的工具，而是歐盟集體金融主權的延伸，讓成員國在地緣政治張力中，能有更強韌的貨幣支撐。

另一方面，非洲的西非經濟與貨幣聯盟（WAEMU）也在討論一項重大轉型 —— 將傳統的「非洲金融共同體法郎（CFA franc）」轉化為區域性的數位貨幣。此舉不僅是技術升級，更象徵著擺脫歷史上與法國與歐元的結算依賴。2024年起，西非中央銀行（BCEAO）已著手可行性評估，並與國際清算銀行（BIS）合作進行區塊鏈底層架構的測試，企圖打造一套屬於西非的數位金融體系。

這些案例顯示，區域型CBDC不再是單一國家的金融創新，而是一場區域政治與經濟主權的集體實驗。它們不僅重新定義了貨幣的疆界與清算模式，也揭示出全球金融治理朝「主權分層化」與「多中心結算」邁進的趨勢。誠如美國經濟學者貝瑞・艾肯格林（Barry Eichengreen）所言：「未來的貨幣主權，不會是一個國家的命運，而是一群國家協商的成果。」

◇ **臺灣的觀察點：去美元化與科技金融的戰略機會**

在金融監理與技術驗證層面已逐步推進具實質意義的探索。依據中央銀行（即中華民國中央銀行）於2023年公布的《數位貨幣發行之規劃與貨幣之數位轉型報告》，第二階段

■ 第十章　末日邊緣的選擇：金融世界的未來可能

零售型 CBDC 試驗已完成，並特別納入「分散式帳本技術」（Distributed Ledger Technology, DLT）架構以驗證交易效能與資訊安全。該試驗亦著重於兼顧「交易隱私性」與「監理可視性」兩大核心設計原則，顯示出臺灣在 CBDC 開發過程中對國際標準與本地需求之間取得平衡的重視。

然而，若要在全球新貨幣秩序中取得關鍵位置，臺灣必須進一步強化以下三項基礎：

◆ 跨境穩定幣合作機制：與新加坡、澳洲等區域金融樞紐建立透明穩定幣兌換標準；
◆ 數位資產認證法規：明確界定虛擬資產合法性、稅務義務與監理標準；
◆ 國際參與角色：積極參與 IMF、BIS 等國際 CBDC 平臺的實驗與建模過程，以技術輸出換取制度話語權。

◇ 主權貨幣，不只是發鈔權的問題

從加密貨幣、CBDC、穩定幣到跨境支付平臺，我們所理解的「主權貨幣」正在鬆動。這不再只是誰印鈔的問題，而是誰能決定價值衡量的標準，誰能架構交易網路的規則，誰能保障公民的經濟自由。2025 年後的貨幣，可能是一場新冷戰的隱性戰場，更是一場文明信任的重建之路。

如同歷史上從金本位到布列敦森林制度、再到浮動匯率

第一節　主權貨幣的再定義

的演進，主權貨幣的形狀與本質將再次進化。我們如今面對的不僅是科技的變化，更是對「什麼才是貨幣」這個最根本問題的重新詰問。而答案，正在全世界實驗室、數據鏈、外交桌與用戶手機裡，悄然成形。

第十章　末日邊緣的選擇：金融世界的未來可能

第二節　金融多極世界是否可行？

◇ 單極霸權的退場聲中，誰將取而代之？

在過去半個世紀，全球金融秩序幾乎由單一力量主導——美元體系。從布列敦森林制度崩潰後的浮動匯率時代，到美國透過美元計價的原油與貿易合約實現貨幣霸權，這種單極體系雖在效率與穩定性上有其貢獻，但也造成全球對單一貨幣體系的高度依賴與風險集中。

2020 年之後，美中地緣對抗、俄烏戰爭、通膨危機與國際結算系統的武器化，引爆了「去美元化」的潮流。越來越多國家開始尋求建立不依賴美元的跨境支付系統與貿易結算機制，例如中國的 CIPS（人民幣跨境支付系統），以及俄羅斯與伊朗之間的本幣貿易協議，皆為此趨勢的具體實踐。

◇ 多極貨幣系統的制度想像與現實障礙

金融多極世界的基本構想，是讓多個區域強權（例如歐盟、中國、印度、甚至區域經濟體）各自擁有一套本地可用、跨境可清算、制度上穩定的貨幣系統，透過協議進行互換與清算，取代傳統美元為中心的單一路徑。

這樣的制度設計理論上具備三項優點：

第二節　金融多極世界是否可行？

- 風險分散：降低對單一國家政治、利率政策與資本流動控制的依賴；
- 主權尊嚴：容許區域性經濟體自主設計其貨幣政策與數位支付機制；
- 政治安全：避免美國透過 Swift、美元制裁等方式干預國際經濟活動。

但理論美好，現實卻充滿障礙。首先，各國經濟規模與金融基礎建設差距極大。歐元雖為全球第二大儲備貨幣，但歐洲內部政治分歧導致貨幣政策經常受制於妥協與共識緩慢。中國雖力推人民幣國際化，但資本帳尚未全面開放、人民幣兌換受管制，導致國際信任度未如預期。

其次，金融多極化需要龐大的跨國信任機制與協議框架，目前多為臨時性、區域性安排，缺乏全球統一標準。例如 2023 年金磚國家峰會提出「共同結算貨幣」構想，即使受到關注，仍未能提出實用化細節。

◇ 技術路徑：區塊鏈與跨境穩定幣

儘管制度進展遲緩，技術創新正嘗試替代傳統架構。RippleNet、Stellar 等基於區塊鏈的跨境清算平臺，已成功縮短清算時間並降低交易成本。而像 JP Morgan 推出的 JPM Coin，或是 USDC 這類與美元一比一連結的穩定幣，則被視

第十章　末日邊緣的選擇：金融世界的未來可能

為「橋接性貨幣」，在不同貨幣系統間扮演過渡角色。

2025 年初，全球支付巨頭 Visa 宣布與亞太地區多家金融機構攜手展開一項創新試驗，內容為以穩定幣作為跨境交易的結算媒介，並結合地區性央行數位貨幣（CBDC）進行自動化貨幣兌換。此項試驗聚焦於區域內的實際貨幣交換與即時清算流程，並以香港金融管理局的「數位港幣（e-HKD）」作為重要測試標的之一，形成 CBDC 與穩定幣共構的混合型結算體系。

但這樣的技術進步也產生新問題。穩定幣若由私人機構發行，將不受央行直接監管，可能成為新型系統性風險來源；而區塊鏈的資料透明性也引發隱私與企業機密的雙重顧慮。

◇ 臺灣的位置與未來布局

臺灣在全球金融結構中雖非主權貨幣核心國，但卻是資訊科技、晶片製造與金融科技的戰略樞紐。在金融多極化的潮流中，臺灣可藉由三種方式建立未來角色：

- ◆ 技術出口型參與者：提供數位清算、區塊鏈支付、安全晶片技術，成為跨境貨幣結算的後端支撐者；
- ◆ 制度試驗區：發展新臺幣與穩定幣連結的境外結算模型，例如在東南亞市場嘗試「臺幣數位港」架構；

第二節　金融多極世界是否可行？

◆ 標準制定倡議者：主動參與亞太金融論壇、印度 BIS 實驗室倡議，將技術與政策轉化為國際共同規範的一部分。

◇ 世界是否能走向真正的金融多極？

答案可能並非絕對肯定。全球金融秩序更可能走向「區域金融共治＋美元長尾主導」的混合型架構。美元仍會是國際資本避險工具與原物料結算依據，但區域性支付與資金流動則逐步去美元化，轉向人民幣、歐元、區域穩定幣與數位貨幣的混用格局。

我們所謂的「多極金融世界」，並非以力量平均為基礎，而是以「信任碎片化」為本質。不同政治體制與技術陣營將建構各自的金融邊界，而交易者與企業將在這些邊界之間穿梭與適應。

真正的問題不在於是否多極，而在於我們是否已準備好在這樣的多極結構中找到生存之道。

■ 第十章　末日邊緣的選擇：金融世界的未來可能

第三節　臺灣在全球金融再編中的位置

◇ 島鏈中的金融樞紐：臺灣地緣與制度的雙重潛力

在全球金融版圖重組之際，臺灣雖非國際貨幣發行國，也非傳統金融大國，但卻因其特殊的戰略位置、科技能量與制度彈性，擁有被低估的系統性角色潛力。這座島嶼長期扮演半導體供應鏈的核心節點，如今也正朝著數位金融、區域清算、穩定幣試驗等方向積極布局。

回顧歷史，自 1980 年代以來，臺灣金融業雖受到嚴格管制，但進入 2000 年代後逐漸開放資本項目、興起壽險與證券業海外布局。特別是在 2020 年疫情後，數位轉型加速，金融科技（FinTech）與虛擬資產監理逐步明確，為臺灣在區域金融秩序中占有一席之地鋪平道路。

◇ 地緣政治與跨境支付：臺灣的新支點角色

臺灣地處第一島鏈中段，北連日本、南接東協、西鄰中國與香港，在地緣戰略上具備觀察與參與亞太資本流動的天然優勢。特別是在中美金融脫鉤趨勢下，越來越多跨國資本選擇將資金調度與結算中樞遷往「中立區」，臺灣即被視為未來亞太中立型結算中心之一。

隨著人民幣國際化步調放緩，以及中國對境內金融科技

第三節　臺灣在全球金融再編中的位置

監管的趨嚴，東南亞多國在尋求多元合作對象時，逐漸將視線轉向臺灣。尤其是在區塊鏈與數位資產應用領域，臺灣的新創能量與制度規劃能力日益受到重視。根據 2024 年越南政府發布的《國家區塊鏈策略》，該國正積極打造法制基礎，目標於 2030 年前成為亞洲區塊鏈應用的領導者。此舉不僅吸引全球創投與技術夥伴投入，也讓擁有沙盒監理機制與成熟科技實力的臺灣企業，成為潛在合作對象。

此外，東協於 2025 年積極推動《東盟數位經濟框架協定》(DEFA)，聚焦跨境支付、電子憑證與數位資產治理標準化，顯示出整體區域對數位金融整合的戰略需求。在這樣的背景下，臺灣的新創業者如易安聯 EMQ 與 VISA 合作開發的移工跨境匯款平臺，便在東協成員國中受到關注，尤以服務菲律賓與印尼移工為核心，突顯出臺灣技術與制度輸出的潛力。雖然目前尚未有公開報導明確指出菲律賓官方正式採用臺灣技術進行電子支付稽核，但多項業界交流與創投媒合活動已顯示合作機會正在醞釀。

整體而言，儘管仍處於非正式合作或試點階段，東協市場對臺灣數位資產與金融科技實力的認可已有顯著提升。臺灣正逐步從過往的技術輸入方，轉變為制度與監理思維的潛在輸出者，在亞太數位治理秩序中，扮演愈來愈關鍵的角色。

第十章　末日邊緣的選擇：金融世界的未來可能

◇ 技術與信任：以 FinTech 為突破口

臺灣的強項不僅在於半導體，更在於結合 ICT 基礎與金融服務的跨界實力。根據金融監理委員會資料，截至 2025 年，臺灣已有超過 45 家金融科技公司完成跨境支付、數位身分認證與虛擬資產錢包的沙盒實驗，並獲得進一步商轉機會。

近年來，隨著東協各國積極布局數位貨幣與區塊鏈金融應用，臺灣在區域技術交流中逐漸展現制度與架構層面的參與價值。本地金融業界對於多國貨幣映射模型與跨境清算機制的關注程度已明顯提升。根據《台灣銀行家》雜誌的專文指出，部分業者正在研究以聯盟鏈形式處理區域穩定幣結算問題，並探討「多幣種錨定＋自動清算」的系統架構作為金融科技創新的方向。這種架構若成熟，將有助於補強新南向政策中長期所需的金融互通基礎設施。

◇ 區域清算中心的政策挑戰與機會

若臺灣有意強化在亞太金融清算網絡中的角色，當前政策上仍面臨兩項核心挑戰。首先，外匯管理的法規彈性仍顯保守，尤其在數位資產跨境應用方面，尚未建構明確而一致的監理框架，導致市場對於資金調度與清算效率存在疑慮。其次，臺灣目前缺乏涵蓋數位資產的雙邊稅務協議，使得臺商在跨境營運與資金流通上，缺乏稅制上的誘因與保障，進

第三節　臺灣在全球金融再編中的位置

一步壓縮國際金融合作的可行性。

然而，這些限制亦可視為制度創新的契機。以稅制為例，財政部於 2022 年已啟動有關加密資產的稅制研究，涵蓋稅籍分類、課徵機制與法源修正方向，初步建立未來制度規畫的基礎。儘管目前尚未開放穩定幣作為營業稅繳納工具，但政策對數位支付形式的關注已顯著提升，預示後續可能導入更彈性的實驗政策。

另一方面，金融監督管理委員會雖尚未針對非銀行型資產的清算訂定「分層風險揭露機制」，但其針對傳統銀行業風險揭露與資本適足性的修訂，已顯現對於創新金融工具潛在風險的審慎態度。若能進一步擴展這類框架至數位資產清算與儲備機制，將有助於提升整體市場透明度與穩定性。

綜上所述，臺灣在建構跨境數位資產清算體系方面雖仍處於初始階段，但制度準備與政策意識已逐步提升。透過監理沙盒、政策試辦與國際對話機制，臺灣可望在未來五年內，建立具備實驗性與模組化的清算標準，進而在亞太金融網絡中取得制度話語權。

◇ 臺灣在全球金融網絡的三種未來角色

未來五年至十年內，臺灣可望在下列三種戰略角色中發展：

第十章　末日邊緣的選擇：金融世界的未來可能

1. 數位清算交會點

臺灣可望發展為新興亞太數位支付體系的「結算交會節點」，扮演人民幣、美元與東協貨幣間的跨境交換中繼站。此角色尤其適用於技術供應鏈密集產業與區域中小企業（SMEs），這些主體在傳統銀行系統中常面臨高額手續費與延遲結算風險，急需低成本、快速且受信任的數位支付架構。

2. 穩定幣連結實驗區

臺灣具備可發展「由民間企業發行、中央銀行監理備援」模式的穩定幣架構，作為未來的「新臺幣穩定幣」試驗區域。此類數位資產若連結新臺幣現金或存款，並經金管會與央行共同制定的保證金制度與儲備監理機制，可提供比去中心化加密貨幣更穩定的價格基礎。

3. 制度輸出中心

除了技術實力，臺灣在制度治理上的透明度、法規可預測性與民主問責機制，也使其具備成為「數位金融制度輸出中心」的潛力。若臺灣能主動提出區域共享的「FinTech 治理原則」、跨境資料保護規範、以及數位金融監理沙盒的準入與退出標準，將有助於亞太新興市場借鑑，進一步提高臺灣在國際政策話語權中的地位。

第三節　臺灣在全球金融再編中的位置

◇ 戰略定位的轉型關鍵：從防禦到輸出

長期以來，臺灣在金融政策上偏向風險防禦導向，著重於避免泡沫、控管洗錢與穩定利率。但在金融多極化與區域自主化的趨勢中，單靠防守已不足以保障臺灣經濟安全。反而應思考如何「主動輸出可信規範與可信技術」，才是強化貨幣安全與國際話語權的起點。

這不僅是技術問題，更是金融主權的再定義。臺灣或許永遠無法擁有如美元、歐元般的全球主導力，但卻可能以「可信賴的基礎建設提供者」之姿，在未來世界的金融秩序重組中，占有一席關鍵位置。

■ 第十章　末日邊緣的選擇：金融世界的未來可能

第四節
財富分配、基本收入與結構性不平等

◇ 全球資本集中：財富極化的驚人速度

在 2008 年金融危機後，全球各國祭出寬鬆貨幣政策、量化寬鬆、低利率以救市。然而十多年過去，這些政策雖拯救了市場，卻也讓資本大量集中於高資產族群。根據瑞銀（UBS）與瑞信（Credit Suisse）2024 年《全球財富報告》，全球前 1% 的富人現已擁有世界將近一半的總財富。這樣的集中效應不僅加深了社會階級分化，也讓「財富可繼承」成為跨代不平等的核心原因。

所謂「經濟復甦」，對整體數據而言，或許代表 GDP 成長回升、資本市場活絡與企業盈餘反彈，但對於大量低薪勞工、非典型雇員與平臺經濟參與者而言，這種復甦卻往往只是統計上的幻影。真實的景況，是收入差距進一步擴大、勞動保障更加脆弱，以及經濟果實更集中於特定階層或職類的現象。

這種現象在全球經濟學界被形容為「K 型復甦」（K-shaped recovery）：意即高薪知識型就業者、資本持有者與科技產業從業者，其經濟狀況快速改善；而中下階層、依賴現場勞動或短期合約維生者，則持續在經濟底層掙扎，甚至因通膨、租金上漲與工作不穩而陷入更深的貧困循環。

第四節　財富分配、基本收入與結構性不平等

◇ 基本收入的理想與現實：試驗還是趨勢？

面對自動化、AI 取代工作機會以及全球資本集中，不少國家開始思考「無條件基本收入」(UBI, Universal Basic Income) 是否能成為修正機制。芬蘭、韓國、加拿大與臺灣部分縣市都曾進行相關試驗。

以國際經驗為鑑，芬蘭政府於 2017～2018 年間進行了一項具代表性的無條件基本收入實驗，隨機選取 2,000 名失業者每月發放 560 歐元的現金補貼，期間不要求其積極尋職或報告就業狀態。該實驗最終顯示，儘管對就業率並無顯著提升，但受試者在心理健康、生活滿意度與對未來的掌控感上皆優於對照組，突顯出此類財政介入對於提升社會福祉與個人主觀幸福的潛力。

回到臺灣脈絡，雖目前尚無中央層級推動的無條件現金發放試驗，但部分地方政府已陸續嘗試條件式生活補助或青年創業津貼，作為地方財政再分配的試驗性作法。以屏東縣為例，近年曾針對返鄉青年提供「生活支持型補助」與「階段性創業補貼」，雖與基本收入概念尚有落差，但反映出地方政府在社會支持制度上的積極探索。

儘管無條件基本收入 (Universal Basic Income, UBI) 在全球政策討論中逐漸獲得注目，並被視為應對自動化、平臺經濟與結構性貧窮的重要方案之一，但在實際施行層面，仍面

第十章　末日邊緣的選擇：金融世界的未來可能

臨兩大難解挑戰：財政可行性與政治正當性。

以臺灣為例，若以每人每月發放新臺幣 1 萬元為標準，根據 2024 年底全國人口約 2,350 萬人計算，全年所需支出高達新臺幣 2 兆 8,200 億元，即便排除 18 歲以下與高收入族群僅對成年中低所得者設計分眾型 UBI，其年度成本亦可能落在 2,000 億元至 2,400 億元區間，約占中央政府年度總預算（2025 年度預算總額約 2.7 兆元）五分之一以上。

如此龐大的財政負擔，其財源來源無論採何種方式皆牽涉重大爭議。若選擇透過增稅方式籌措，例如調高綜合所得稅或開徵「數位服務稅」、「資產利得稅」等新稅項，極可能遭遇中產階級反彈，特別是在缺乏精準排富設計與稅收透明機制的前提下；而若選擇以發行公債形式應對，雖可在短期內填補資金缺口，但長期將導致債務比率攀升，進而引發國際信用評等機構關切，甚至影響政府發債成本與市場信心。

◇ 結構性不平等的金融根源

財富不均背後，金融制度亦難辭其咎。多數資產性收入如股票、房地產、企業分紅皆受惠於稅負低、槓桿高、資訊不對稱等因素。反觀薪資所得，則被高所得稅、保費與低議價力所綁架。根據 OECD 統計，資產型收入者的稅後實得率遠高於單靠薪資為生的工人階級，導致「富者愈富」並非偶然。

再者，近年火熱的金融科技平臺（如 Robinhood、Bi-

第四節　財富分配、基本收入與結構性不平等

nance）讓投資門檻降低，但也使投機風險與認知偏誤放大。對於資訊弱勢者而言，投資工具變多卻未必帶來財富成長，反而成為新一波金融剝削的工具。

◇ 臺灣的分配挑戰與改革潛能

根據主計總處 2023 年家庭收支調查報告，最高 20％家庭與中位數家庭之可支配所得比已達 6.17 倍，為近 10 年新高（2022 年亦為 6.15 倍）。研究顯示，資本所得分配不均為主因，且財富集中問題已顯著阻礙青年世代的經濟流動性。特別是高房價與大型壽險金融控股公司資產集中，更使得無資產累積能力者無法輕易跨越階級鴻溝。

不過，臺灣在制度創新上具備一定基礎。一方面，稅務與所得資料已全面數位化，未來可透過人工智慧模型，建構更公平的稅負分配機制；另一方面，現行的全民健保與勞保體系運作穩定，已提供財政再分配與社會支持的結構支撐。如能在此基礎上設計針對低薪族群、偏鄉區域或年輕勞動族的條件式基本收入制度，並非「漫天撒錢」般普發，而是達成「結構性調節效益」的精準政策介入。

◇ 從稅制到數位福利：制度的再設計契機

要破解財富不均的長期困境，必須從制度源頭著手。具體方向可包括：

第十章　末日邊緣的選擇：金融世界的未來可能

- 資本利得與土地稅調整：避免過度依賴間接稅，強化對資產型收入的課稅；
- 金融交易微稅（FTT）：針對高頻交易與金融工程產品課徵極低費率，既可穩定市場又可累積稅源；
- 數位貨幣精準補貼：利用 CBDC 設計定向發放低碳補貼、教育費用與社區照護福利，提升貨幣乘數效果；
- 社會投資型信託機構：鼓勵高資產者成立「社會創新信託基金」，藉由稅負抵減獎勵資源回流。

◇ 金融的分配正義，是未來穩定的基石

無論是 UBI、財稅制度改革，或是數位貨幣導向的福利制度，最終皆指向一個核心議題：如何讓金融不再只是效率的工具，更成為分配正義的載體。在 AI 加速取代中階職位、自動化侵蝕服務業工作機會的未來中，倘若財富分配機制仍然故步自封，金融市場的失控將不只是風險問題，而是社會穩定的潰堤點。

唯有承認不平等的制度性根源，才能開啟再設計的可能；而唯有透過結構性創新，才能讓市場效率與社會公平不再是零和命題。

第五節　AI 風控與人類智慧的補位之道

◇ 當人工智慧進入金融前線

過去十年來，人工智慧（AI）在金融領域的滲透程度遠超市場預期。從信用評分、詐騙偵測，到資產配置與風險管理，AI 演算法不僅提升了效率，更逐漸取代傳統金融專業人員的判斷力。

例如高頻交易平臺透過機器學習演算法在毫秒內完成數百萬次訂單比對與套利行為，讓人類交易員幾乎無法競爭；保險公司運用自然語言處理（NLP）自動判讀理賠文件；而信貸評分模型則透過深度學習剖析消費者的數位行為圖譜，進行即時風險預測。

根據麥肯錫的分析報告，全球多家大型銀行已開始導入 AI 技術於信用審查、自動風險評估與 KYC（認識客戶）流程，部分 Tier1 銀行中超過 85% 的機關已使用 AI 處理至少一項風險管理職能。

Bloomberg Intelligence 預估，未來 3～5 年內，全球銀行業將面臨約 5%～10% 的員工裁減，主要影響後臺商務流程、文書與客服類別職位。與此同時，McKinsey Global Institute 對全球就業影響的研究也指出，到 2030 年可能有 14% 人

力被迫轉職或被 AI 替代，其中相當一部分集中於資料查核、行政流程與初階金融建議等重複性工作。

◇ 機器風控的幻覺與盲點

AI 雖能處理大量資料並找出風險關聯，但其所倚賴的數據結構與模型假設，往往無法捕捉市場的非理性因素與結構性偏誤。例如 2021 年 GameStop 軋空事件即顯示出，社群驅動的群眾心理可能在瞬間摧毀模型假設。

此外，AI 模型也經常複製舊有的制度性偏見。例如某些信貸模型因訓練資料來自長期歧視紀錄，導致對少數族群、高齡者或非標準職業者給予更高風險評級。這種看似中立的「演算法歧視」，其實反映了人類制度偏誤在機器中的延續。

而在黑箱運算的情況下，模型預測難以解釋，造成「可解釋性風險」（explainability risk），讓主管機關無法進行有效監理。若 AI 模型操作失誤（例如假陽性率過高），可能在無意間拒絕數十萬名應得信貸者，或錯誤觸發系統性風控機制，引發連鎖反應。

◇ 人工智慧無法取代的金融直覺

儘管 AI 在結構化決策與量化資料處理上展現壓倒性優勢，但在以下幾個面向，人類仍然具備不可替代的智慧：

第五節　AI 風控與人類智慧的補位之道

- 系統性風險辨識：AI 難以對尚未發生過的「黑天鵝事件」做出預警，人類的歷史經驗與模糊推理能力仍具有價值；
- 倫理與審慎判斷：例如在危機時刻給予小企業紓困貸款，不能單看信用評分，更需納入地區影響與社會價值；
- 監理介面溝通：金融監理並非純技術作業，需要金融機構與主管機關之間的信任、溝通與制度互動，而非僅靠模型輸出結果。

這些面向說明了，AI 不應被視為人類智慧的替代，而應作為其延伸。

◇ 臺灣金融 AI 應用的機會與挑戰

自 2018 年臺灣啟動金融監理沙盒機制後，金融創新領域快速擴展，經核准上線的應用包括手機帳單分析做為無擔保信貸依據（由凱基銀行試驗）與利用區塊鏈技術的跨境轉帳服務（由富邦銀行執行）。此外，FSC 於 2024 年發布《金融業運用人工智慧指引》，批露 AI 應用生命週期、風險評估與監理科技整合等原則，為金融機構導入 AI 技術提供制度支撐。

但挑戰也不容小覷：

- 資料孤島問題：公私部門之間資料共享不足，造成模型訓練效果差；

第十章　末日邊緣的選擇：金融世界的未來可能

- 監理法規落後：現行金融法規難以處理模型風險、資料偏誤、責任歸屬等議題；
- 人才瓶頸：高階資料科學與金融工程交叉人才稀缺，使得模型設計無法內嵌審慎監理邏輯。

未來若欲提升臺灣金融 AI 的品質與信任度，需推動以下三大政策方向：

- 模型透明化法制化：制定金融 AI 模型可解釋性與公平性評鑑標準；
- 交叉人才培育：鼓勵金融工程與倫理法規交錯訓練；
- 資料共享平臺化：推動多方安全計算（MPC）技術，實現資料隱私下的跨業學習。

◇ 風控未來：人機共管的可能路徑

展望未來，金融風控將進入「人機共管」的新階段。即由 AI 負責即時偵測、異常預警與模式辨識；人類則負責解釋、倫理判斷與系統回饋。

例如金管會可建立「模型註冊制度」，要求所有金融機構上傳其 AI 模型架構與測試結果，並由跨部門專責單位進行倫理審查；大型金融機構則應設置「演算法倫理委員會」，將 AI 系統納入內控稽核範圍，確保其風控邏輯與社會責任一致。

第五節　AI風控與人類智慧的補位之道

　　AI可以提升效率,但風險意識與制度設計仍需人類主導。唯有建立「透明＋彈性＋責任」的AI金融架構,方能在數位時代維持對金融風險的有效掌握,也才能真正補位於人類智慧的局限。

第十章　末日邊緣的選擇：金融世界的未來可能

第六節
永續金融與 ESG 是否只是空談？

◇ ESG 的興起與資本的道德想像

永續金融（Sustainable Finance）與 ESG 投資在過去十年迅速興起，從企業年報到資產管理公司，都強調其對聯合國永續發展目標（SDGs）的貢獻。根據 Morningstar 的報告，截至 2024 第三季，全球永續型基金的資產規模約為 3.3～3.5 兆美元，占全球基金市場約 3%～7%。若將範疇擴大至整合 ESG 原則的所有資產管理策略，則整體投入規模可能更高。

從最初的「不投資菸酒軍火產業」，到近年的「選擇性資本配置」，ESG 已逐步成為金融資本自我正當化的主旋律之一。然而，在光鮮亮麗的綠色報告背後，卻存在著制度性虛偽、標準混亂與監理落差的嚴重問題，導致其日益被質疑為「資本的道德偽裝」。

◇ 綠色資本的泡沫化現象

根據彭博綠色財經指數（Bloomberg Green Finance Index）分析，2022 年以來，全球 ESG ETF 與永續債券雖持續成長，但其收益率普遍落後傳統指數，同時資金流動性不足，造就出一批高估值、低效率的資產部位。

第六節　永續金融與 ESG 是否只是空談？

許多企業與基金為爭取 ESG 評分高分，採取形式主義策略——例如增設永續委員會、設立象徵性碳中和目標、發布大篇幅的企業社會責任報告，但實際業務運作依舊以利潤極大化為核心。

全球著名的綠能科技公司 Orsted 與第一太陽能（First Solar）皆曾在 ESG 評比高分的同時，被揭露其供應鏈涉及勞工剝削與未經驗證的碳抵換機制，突顯 ESG 評鑑體系本身的盲點。

◇ 評分混亂與資料不一致的困境

目前全球主流 ESG 評分機構包括 MSCI、S&P Global、Sustainalytics 等，但評分標準缺乏統一，即使是同一家企業，在不同機構的 ESG 得分可能相差甚遠。根據麻省理工學院（MIT）2023 年研究指出，ESG 評分機構間的相似度僅為 0.61，顯示其缺乏一致性與信度。

資料來源的不一致也是一大問題。多數評分依賴企業自揭資訊，少有獨立第三方稽核，導致數據操控空間極大。一些企業甚至聘請專業顧問重寫 ESG 報告，以提升指標得分，形成所謂「報告產業鏈」。

第十章　末日邊緣的選擇：金融世界的未來可能

◇ ESG 投資與制度性偏誤

ESG 原本意圖讓資本「為善」，但實際執行中卻可能強化制度性不平等。例如大型企業因資源與專業優勢較易達成形式標準，反而吸引更多 ESG 資金，擠壓中小企業的資金空間；又如部分評分機制忽略在地實況，讓開發中國家企業在國際資本市場中落居劣勢。

此外，ESG 亦被批評為缺乏對「實際影響」的衡量。企業可能因為調整報表架構而獲高評分，但對碳排放、工人權益或供應鏈勞動條件改善幾無貢獻，造成「影像好看、現實貧瘠」的落差。

◇ 臺灣 ESG 發展的困境與契機

臺灣上市櫃公司自 2023 年起全面納入「永續報告書」強制揭露機制，金融監理機構亦要求金融業於投資與授信決策中納入 ESG 評估。儘管制度日益完整，市場仍面臨三大困境：

- 資料蒐集成本過高：中小企業缺乏撰寫報告與進行指標稽核的人力與資源；
- 評分標準在地化不足：多依賴國際範例，忽略臺灣本地產業特性與社會文化差異；

- 政策誘因設計不明確：政府雖強調 ESG 重要性，但缺乏具體的稅賦、融資與市場入場激勵。

然而，這些問題亦代表制度創新的可能。例如可由官方建立「公私協力的 ESG 資料平臺」，提供開放性資料與標準化表格；亦可發展「在地化社會影響指標」，將原住民族參與、地方治理貢獻納入評估系統，提升 ESG 對本地社會的真實意義。

◇ 重構 ESG：從符號到實質

要使 ESG 不流於口號，需轉向「實質導向」的衡量邏輯。包括：

- 建立影響力會計制度：讓企業揭露其經營活動對環境與社會的真實影響，而非僅為達標指標；
- 實施 ESG 績效連動金融商品：如永續連結貸款、永續連結債券，明確設立目標與違約懲罰；
- 推動開放資料平臺：降低資訊不對稱，使市場能以更透明方式衡量風險與績效；
- 發展在地 ESG 標準：由產業、社會團體與政府共構，讓永續指標具有文化與制度適應性。

第十章　末日邊緣的選擇：金融世界的未來可能

◇ 永續金融，不該只是說故事的工具

若 ESG 只成為企業形象包裝、基金行銷話術，那麼它不僅無法實現資本轉型，反而會耗盡大眾對制度正義的耐心。唯有透過標準透明、指標實質、評鑑公正，才能讓資本真正成為永續發展的推手。

ESG 的核心，不在於語言多美，而在於它是否能讓那些原本無聲的人被看見，那些原本受損的系統獲得修復，那些原本只重報酬的決策，開始考慮責任與未來。

第七節　全民財商教育的最後防線

◇ 危機循環中的金融知識斷層

每一次金融危機爆發後，輿論總會將矛頭指向監理機構失職、銀行高層貪婪、資本遊戲失控。然而，危機的另一個根源常被忽略：大眾對金融風險的普遍無知與判斷失能。

從 2008 年次貸風暴到 2023 年矽谷銀行倒閉，再到加密貨幣詐騙風潮，許多家庭與個人非但未能察覺風險，反而積極投入高波動性資產，將退休金、房產、貸款資金悉數押注於看似可掌握的「財富捷徑」。這樣的行為不僅反映個體投資能力的欠缺，更暴露出臺灣與全球社會長期忽視的教育斷層：我們培養了高學歷人口，卻未普及基本的財商素養（financial literacy）。

◇ 財商教育不是選修，是生存基礎

根據 OECD 2023 年度成人財商國際調查顯示，平均僅約 34% 成人達到最低金融識讀標準（≥ 70 分／100 分），其中金融知識差距尤為顯著：77% 理解風險與報酬概念，但僅 42% 能運用複利概念，數位金融識讀更僅有約 29% 達標。

此外，即使年輕族群熟練數位支付與加密貨幣操作，但多缺乏長期資產配置、利率架構與信用風險基本概念，顯示

■ 第十章　末日邊緣的選擇：金融世界的未來可能

財商教育仍有顯著落差。

「會花錢不等於會理財」這句話已被一再證實。當刷卡變得輕鬆、消費介面設計得更誘人，而借貸與投資商品愈加複雜，大眾更需要一套生活化、可持續的財商訓練系統，才能在資訊爆炸與行銷包裝中保持清明。

◇ 教育體系中的缺席與偏誤

目前臺灣中學教育課程雖納入「理財教育」概念，但大多僅局限於消費權益、記帳、儲蓄觀念，未能涵蓋資產配置、債務管理、保險與退休準備等核心議題。而高等教育中，除非主修財務金融，絕大多數學生對「風險」與「槓桿」的理解幾乎為零。

這種結構性的教育缺失，不僅降低大眾面對金融創新時的防禦力，也讓詐騙型金融商品得以大量蔓延。例如過去幾年加密幣詐騙、P2P借貸平臺倒閉、虛擬保單陷阱等案例，許多受害者皆為高學歷者，突顯「學歷高不代表財商高」的現實矛盾。

◇ 財商教育的三個核心目標

若要使全民財商教育真正成為抵抗金融失控的最後防線，必須建構明確、系統性的教育架構，其核心目標應包括：

- 風險識讀能力：理解不同資產類型的風險特性、投資期間與波動區間；
- 決策能力訓練：建立基本資金規劃與損益預估邏輯，避免從眾行為與賭博心態；
- 監理意識啟蒙：了解法規架構與權利邊界，辨識合法與非法金融商品之差異。

這三項能力並非單靠教材灌輸即能完成，而需透過互動式模擬、情境案例分析、社區講習與數位遊戲等方式，逐步內化為個體日常判斷的直覺。

◇ 臺灣的轉機：制度化財商訓練的雛形

目前臺灣已有部分進展，例如金管會主導的「金融知識向下扎根計畫」與教育部門推動的理財教育融入課程及行動方案；多家金融機構亦開發理財線上課程與模擬投資 App。但這些努力仍多集中於「宣導型」層次，未能建立長期學習路徑與能力驗證制度。

未來可望推動以下制度化改進：

- 中學課綱中增列「財商學習範例」，涵蓋保險、退休、債務、數位金融等面向；
- 金融行業執照納入「財商教育推廣責任」，將普及教育視為 CSR 項目之一；

第十章　末日邊緣的選擇：金融世界的未來可能

- 地方政府設立「財務教育中心」，提供社區民眾定期學習資源與案例分享；
- 設置「財商檢定制度」，作為就業市場中的補充能力指標。

◇ 財商是民主社會的最後防火牆

民主社會中，金融制度的正義與穩定，最終仍需仰賴公民個體的基本知識與風險判斷力。當每個人都能看懂一張資產負債表、理解何為變動利率、警覺過度槓桿風險，詐騙與操弄的空間自然被壓縮。

而當這樣的知識根基不再只局限於金融從業人員，而是成為全民的基本素養，那麼我們面對下一場金融風暴時，將不再只是恐慌者與受害者，而是能理性因應、共創重建的決策者。

第八節　下一場風暴的起點在哪裡？

◇ 危機不止於歷史，而是週期性的命題

當我們回顧過去數十年金融體系的崩潰歷史，從 1987 年黑色星期一、1997 年亞洲金融風暴、2008 年全球金融海嘯，到 2023 年矽谷銀行與簽名銀行（Signature Bank）接連倒閉的局部性衝擊，我們應該問的已不再是「是否會有下一場金融危機」，而是「下一場風暴將從何而起」。

金融危機從不憑空誕生，它往往源自制度內部長期累積的脆弱結構，外加一個引爆觸媒。這個觸媒可能是突如其來的利率轉向、地緣政治動盪、流動性枯竭，或是一場突襲的市場信心崩盤。

◇ 風險區域一：高利率時代的資產重估

在長達十多年的低利率環境下，金融市場早已習慣「便宜錢」的資本配置邏輯。商業不動產、高成長科技股、初創企業與高槓桿私募基金皆在這樣的環境中迅速擴張。然而自 2022 年以來，美國聯準會與各國央行為打擊通膨而快速升息，導致資產價格出現結構性下修。

根據 IMF 2024 年秋季報告，全球辦公大樓空置率達到歷史新高，美國地產信託基金（REITs）價格下跌超過 35％，日

第十章　末日邊緣的選擇：金融世界的未來可能

本保險公司開始重新評估對海外債券的曝險，資產再平衡將對銀行資本適足率造成連鎖壓力。

商業地產市場的萎縮，若與區域銀行體系過度曝險連動，極可能成為下一場金融風暴的引爆點。

◇ 風險區域二：影子金融體系的膨脹

「影子銀行」（shadow banking）泛指不受傳統銀行監理的金融中介活動，例如私募基金、貨幣市場基金、公司債ETFs、虛擬資產平臺等。這些機構在2020年疫情後吸納大量流動性，卻往往不具備與其資本槓桿相匹配的風險緩衝。

尤其是近年虛擬貨幣平臺與穩定幣提供者，如 Tether、Circle 等，雖扮演了類貨幣功能，卻缺乏完整的監理與清算機制。一旦面臨兌換危機或市場流動性突然崩潰，極可能引發系統性信任危機。

而私募市場也因長期缺乏流動性測試與真實價格揭露，當利率轉升與退出困難同時發生，將產生「價格發現真空」，引發連鎖贖回潮。

◇ 風險區域三：主權債務風險與去美元化進程

許多新興市場國家在疫情期間舉債支撐經濟，如今正面臨償債壓力。根據世界銀行2025年預測，全球約有超過30

個國家進入高風險債務狀態，包括巴基斯坦、迦納、突尼西亞與阿根廷等。主權違約若集中爆發，將對全球貸款機構（如 IMF 與大型銀行）帶來壓力。

另一方面，俄烏戰爭之後，全球部分國家嘗試「去美元化」，以人民幣、歐元或區域貨幣結算替代美元。這種趨勢雖尚未撼動美元霸權，但若加速形成「貨幣區塊化」，將改變資金流動與債務再融資的基本邏輯，並可能引發匯率與資本帳劇烈波動。

◇ 風險區域四：AI 交易與自動化風控的錯誤連鎖

隨著 AI 與自動交易系統滲透至市場各環節，其對風險的反應速度雖快，卻可能產生「集體自動拋售」的系統性錯誤。若各大型資產管理機構採用類似模型，一旦觸及預設止損門檻，便可能造成機械性下跌。

此外，過度仰賴模型而忽略人為判斷的趨勢，也使得風險回饋機制出現延遲。在壓力測試不足或外部衝擊來襲時，將無法即時調整部位，引發「演算法風暴」。

◇ 臺灣的預警機制與策略因應

對臺灣而言，風暴雖不必然從本地爆發，但因資本市場高度國際連動，亦難以置身事外。尤其是壽險資產集中於海

第十章　末日邊緣的選擇：金融世界的未來可能

外債券、不動產基金與新興市場國債，加上散戶資金大量流入加密貨幣與海外 ETF，潛藏「跨境風險蔓延」可能性。

臺灣當前可強化以下三項預警與韌性建構：

- 建立跨部門金融情境模擬系統：結合中央銀行、金管會與國安單位，進行「全系統壓力測試」；
- 提高金融商品揭露透明度：針對高波動資產與衍生性金融商品，建立強制風險告知機制；
- 設立數位資產即時監測中心：追蹤散戶投資集中度、槓桿水準與兌換熱點，以防止群體性誤判。

◇ 危機不是預言，而是提醒行動的時間點

下一場金融風暴會從哪裡來？沒有人能準確預測。但我們可以肯定的是：它不會無緣無故，也不會單點發生。它將源自制度偏誤、政策盲區與信任瓦解的交會處，並以連鎖性與擴散性為特徵。

真正的預測，不是猜中時間與地點，而是提前布署韌性、改革制度與建立大眾風險意識。唯有如此，金融系統的「失控」才不會變成社會系統的「崩潰」。

第八節　下一場風暴的起點在哪裡？

國家圖書館出版品預行編目資料

當貨幣不再中立：從霸權穩定到貨幣崩解的最後一哩 / 趙劭甫 著 . -- 第一版 . -- 臺北市 : 沐燁文化事業有限公司, 2025.08
面； 公分
POD 版
ISBN 978-626-7708-60-6(平裝)
1.CST: 國際金融 2.CST: 金融市場 3.CST: 貨幣政策
561.8　　　　　　114011542

當貨幣不再中立：從霸權穩定到貨幣崩解的最後一哩

作　　　者：趙劭甫
發　行　人：黃振庭
出　版　者：沐燁文化事業有限公司
發　行　者：崧燁文化事業有限公司
E - m a i l：sonbookservice@gmail.com
粉　絲　頁：https://www.facebook.com/sonbookss
網　　　址：https://sonbook.net/
地　　　址：台北市中正區重慶南路一段 61 號 8 樓
8F., No.61, Sec. 1, Chongqing S. Rd., Zhongzheng Dist., Taipei City 100, Taiwan
電　　　話：(02) 2370-3310　傳　　真：(02) 2388-1990
律師顧問：廣華律師事務所 張珮琦律師

-版權聲明-
本書作者使用 AI 協作，若有其他相關權利及授權需求請與本公司聯繫。
未經書面許可，不得複製、發行。

定　　　價：420 元
發行日期：2025 年 08 月第一版
◎本書以 POD 印製